DU NAVIRE

ARTICLES 190 A 196, 216 ET 220

DES ASSURANCES

ARTICES 332 A 396

ESQUISSE DE DROIT COMMERCIAL MARITIME

PAR

R. DE FRESQUET

CHEVALIER DE LA LÉGION D'HONNEUR

Professeur à la Faculté de Droit d'Aix.

AIX

ACHILLE MAKAIRE, IMPRIMEUR - LIBRAIRE

2, rue Pont-Moreau, 2

1871

DU NAVIRE

DU NAVIRE

ESQUISSE DE DROIT COMMERCIAL MARITIME

ARTICLES 190 à 196, 216 à 220
du Code de Commerce

PAR

R. DE FRESQUET
CHEVALIER DE LA LÉGION D'HONNEUR
Professeur à la Faculté de Droit d'Aix.

AIX
ACHILLE MAKAIRE, IMPRIMEUR - LIBRAIRE
2, rue Pont-Moreau, 2

1871

Ce travail est dédié aux élèves de troisième année (1870-1871) inscrits au cours de droit commercial de la Faculté d'Aix et spécialement à mon fils Edouard.

Pantagruel estudiait fort bien comme assez entendez, et proffictait de mesme, car il avait l'entendement à double rebras et capacité de mémoire à la mesure de douze oyres et botes d'olif. Et comme il estait ainsi là demourant receut ung jour lettres de son Père en la manière que s'en suit : « Tres chier fils, ... Parquoy, mon fils, je t'amoneste que emploïjes ta jeunesee à bien profficter en estudes et en vertus.. .... Du droit civil je veulx que tu sçaiches par cueur les beaulx textes et me les confères avecque philosophie....... Sois serviable à touts tes prochains et les ayme comme toy-mesme. Revere tes precepteurs, fuy les compaignies des gents esquels tu ne veulx point ressembler, et les graces que Dieu t'ha données, icelles ne recoips en vain.......... Mon fils la paix et la grace de Nostre Seigneur soit avecque toi, amen. »

(Comment Pantagruel estant à Paris receut lettres de son père Gargantua).

DU NAVIRE

ESQUISSE DE DROIT COMMERCIAL MARITIME

Articles 190 à 196, 216, 220 du Code de commerce.

Au point de vue du droit commercial maritime, le navire est : « Toute machine flottante sur les eaux, destinée à naviguer et à transporter soit des marchandises, soit des passagers ; peu importe sa dimension. »[1]

Nous n'avons pas à nous préoccuper des divers noms donnés aux espèces de navire, la loi étant la même pour

[1] Valin dit dans son commentaire sur l'ordonnance de la marine, titre 10 *in principio* : « Sous ces noms de navires et autres bâtiments de mer sont compris, même les chaloupes, les esquifs et les plus petits bateaux, parce que tout cela sert à la navigation: *sub vocabulo navis omnia navigationum genera comprehenduntur.* (Conf. Stypmanus ,*ad jus maritimum*; — Stracha, *de navibus*; — Casa-Regis). — On peut voir avec Cleirac et quantité d'autres pour la différence de la construction des navires tant anciens que modernes et la variation de leurs noms et d leurs pièces. La partie ancienne est de pure curiosité ; mais l'autre peut avoir son utilité à l'occasion. » Cette observation de Valin est fort juste et nous ne saurions trop recommander aux jeunes avocats qui habitent les ports de mer, de faire de fréquentes visites soit aux chantiers de constructions, soit aux navires en voie d'armement.

tous. Mais il est important de noter que le mot employé est complexe, il désigne dans le langage des affaires : 1° *la coque*, c'est à dire le corps du navire, ce qu'on appelle également *la carcasse*; 2° *les agrès* et *apparaux*, ce qui comprend les mâts, les cordages, la drôme (pièces de rechange), les voiles, les chaloupes et canots; toutes choses qu'on peut sans doute détacher du navire, mais qui sont comprises dans l'ensemble, et, comme le fait très-bien remarquer M. Bédarride (*Droit maritime*, n° 41), elles en suivent le sort, alors même que, temporairement enlevées, elles reposeraient ailleurs que sur le bord du navire, par exemple dans des magasins à terre. (Add. Emérigon, *Assurances*, ch. 6, § 1 et 2).

Par opposition au navire, on emploie souvent le mot de *facultés*; on entend par là : les marchandises qui sont chargées à bord pour être transportées dans une localité convenue.

Tout en maintenant les règles qui précèdent, il faut cependant tenir compte d'une observation faite par certains auteurs. Il y a des embarcations qui ne sont pas soumises à toutes les règles du Code de commerce. Ainsi : les embarcations de plaisance, les accons, les gabarres de déchargement, les bateaux de louage qu'il y a dans tous les ports, sont-ils susceptibles des priviléges indiqués dans les articles 190 et 191 du Code? Non évidemment, car on ne pourrait pas leur appliquer les modes d'extinction prévus par l'article 193 du Code de commerce; on ne peut pas demander qu'une simple chaloupe fasse un voyage de trente jours, pour purger les priviléges. (V. art. 194 C. com.). Mais sous tous les autres points de vue, comme pour : les assurances, le prêt à la grosse, l'affrétement, on appliquera les règles ordinaires.

Revenant aux principes, nous allons examiner les conditions exigées pour qu'un navire puisse naviguer légalement.

CHAPITRE Ier

NATIONALITÉ DU NAVIRE

Il est très-important, dans la pratique, de déterminer la nationalité d'un navire.

Pendant la guerre, suivant qu'il appartient à l'une des nations belligérantes ou à des pays étrangers, sa condition est bien différente. Dans le premier cas, il peut être pris par les ennemis, dont il devient la propriété. Dans le second cas, il est ce qu'on appelle : *neutre*, et pourvu qu'il ne cherche pas à forcer les lignes de blocus, pourvu qu'il ne porte point de contrebande de guerre, il peut naviguer librement sans se préoccuper des hostilités.

Pendant la paix, la condition des navires nationaux et des navires étrangers est le plus souvent différente.

Ainsi longtemps, en Angleterre et en France, le cabotage a été réservé aux navires du pays [1]; puis les marchandises importées par navires étrangers paient souvent, comme pour les sucres (voir loi du 7 mai 1864, art. 3), des droits beaucoup plus élevés. — Du reste, dans les temps modernes, il est intervenu, entre les divers pays, une foule de traités établissant les situations les plus variées. — Souvent, maintenant, on assimile les navires des deux nations contractantes [2].

Nous devons rechercher, dès lors, quelles sont les conditions exigées pour qu'un navire soit réputé français.

Sous Louis XII, en 1504, sous Charles IX, le 8 février 1555, ordre est donné aux Français de n'employer que des navires nationaux; le 20 juin 1659 on établit un droit de tonneau contre les navires étrangers. Le 6 septembre 1710 défense est faite aux Anglais d'importer des marchandises sur navires *non* français, mais cela fut aboli par le traité d'Utrecht, le 11 avril 1713.

Sous Louis XIV, on ne reconnaît comme français que les navires appartenant exclusivement aux nationaux, mais on peut les faire construire à l'étranger.

On lit dans le règlement du 24 octobre 1681 :

[1] Voir le décret du 21 août 1860, portant abrogation de l'acte de navigation du 21 septembre 1793 dans les colonies françaises où il était encore en vigueur.

[2] Voir la loi du 19 mai 1866, article 5 : « Trois ans après la promulgation de la présente loi, les surtaxes de pavillon aujourd'hui applicables aux produits importés des pays de productions autrement que par navires français, seront supprimées.

« Art. 4. Veut S. M. que les marchands et autres particuliers qui auront fait bâtir ou acheter des vaisseaux bâtis dans les ports du royaume, fassent leurs déclarations par-devant les officiers des siéges d'amirauté de leur demeure, que le vaisseau leur *appartient entièment;* ou en cas qu'aucun n'y ait part, qu'ils déclarent les noms de leurs participes, qui ne pourront être *étrangers* mais seulement français, demeurant actuellement dans le royaume, et fassent enregistrer aux greffes les contrats de leur propriété.

» Art. 5. En cas qu'aucun Français veuille faire bâtir quelque vaisseau *dans les pays étrangers*, S. M. veut qu'il fasse ses déclarations auxdits siéges, aussitôt qu'il en donnera le premier ordre, et qu'il la réitère quand il sera achevé...... »

La même déclaration est exigée quand on *achète* un navire étranger, ou quand on vend un navire français à des personnes d'une autre nation (art. 6 et 8).—(Add. Valin, tome 1, p. 565). — Cela fut répété et confirmé par les lettres patentes du 17 janvier 1705 et par le règlement du 1er mars 1716.

La déclaration du 21 octobre 1727 revient encore sur les conditions de propriété, de plus elle défend d'embarquer aucun étranger pour : écrivain, chirurgien, supercargue, nocher ou officier marinier ; on ne les admet à bord que comme simples *matelots* ou passagers (art. 17). Le capitaine doit, non-seulement être français, mais encore il est déchu de son droit de commandement s'il épouse une femme étrangère (art. 20). — (Conf. Emérigon, *Traité des assurances*, chap. 7, sect. 4).

Quand on arrive à l'époque de la Révolution française, la rigueur des règlements est loin de s'adoucir ; les lois des 11 juillet 1790 et 13 mai 1791 prohibent l'importation des navires étrangers et ne reconnaissent, en principe, la qualité de navires français qu'à ceux qui ont été construits dans le pays.

La question fut reprise et traitée de la manière la plus nette dans la loi du 21 septembre 1793, connue sous le nom : *d'acte de navigation ;* elle déclare dans son article 1er : « Après le 1er janvier 1794, aucun bâtiment ne sera réputé français, n'aura droit aux priviléges des bâtiments français, s'il n'a été *construit* en France ou dans les colonies ou autres possessions de France, ou *déclaré de bonne prise* faite sur l'ennemi, ou *confisqué* pour contraventions aux lois de la République, s'il *n'appartient pas entièrement* à des français et *si les officiers* et trois quarts de l'équipage ne sont pas français. »

Voilà donc trois conditions formelles : 1° construction française, confiscation par la douane ou prise pendant la guerre ; 2° propriété exclusive à des français ; 3° équipages composés d'une manière déterminée.

La loi du 27 vendémiaire an II, article 7, ajouta : « Un bâtiment étranger étant jeté sur les côtes de France ou possessions françaises, et tellement endommagé que le propriétaire ou assureur ait préféré le vendre, **sera**, en devenant entièrement propriété française, et après radoub ou réparation dont le montant sera *quadruple* du prix de vente du bâtiment, et étant monté par des français, **réputé bâtiment** français. »

Depuis cette époque le principe avait reçu diverses extensions. D'après les lois du 14 février 1819 et 24 février 1825, on pouvait donner aux bâtiments étrangers, employés à la pêche de la baleine, une francisation provisoire susceptible de devenir définitive après un certain temps (cinq ans) ; mais cela fut abrogé par la loi du 7 décembre 1829.

En 1832, on avait aussi déclaré français, les navires trouvés *épaves* en pleine mer et vendus publiquement par la marine à défaut de réclamation présentée en temps utile.

Pendant longues années, ce système a été attaqué par les uns et défendu par les autres ; c'était un des points de la lutte engagée entre les partisans du système protecteur et les défenseurs du libre échange ; querelle qui est encore bien loin d'être vidée.

En ce qui touche la nationalité des navires, le principe de liberté a triomphé d'abord en partie et enfin d'une manière complète.

La condition de propriété exclusive des navires par des Français a été modifiée dans la loi des douanes du 9 juin 1845, article 11. Les étrangers furent admis à être copropriétaires des navires français pour la *moitié*. On avait pour but de faire arriver les capitaux étrangers dans nos constructions maritimes.

Le décret des 17-23 octobre 1855 abaissa temporairement les barrières qui existaient pour empêcher la concurrence faite par les étrangers aux constructeurs de navires français.

Le premier article déclare que pendant *trois* ans une série de produits destinés à la construction des navires : bois, fers, cuivres, chanvres, lins, etc....., seront admis en franchise des droits de douane, à la charge par l'importateur de justifier leur emploi à la destination déclarée, dans le délai *d'un an*.

L'article 2, allant plus loin, permet de *franciser* tout navire étranger à voiles ou à vapeur, moyennant un droit de dix pour cent d'après la valeur déterminée par le comité consultatif des arts et manufactures. — Cette faveur accordée d'abord pour *un an* seulement, fut prorogée jusqu'au 17 octobre 1857.

Dans le traité du 10 mars 1860, entre la France et l'Angleterre, les navires anglais sont déclarés admissibles moyennant un droit de trente pour cent *ad valorem* (art. 1). Cette faveur fut accordée les années suivantes : au Canada, à la Belgique, etc...., en établissant des droits différents pour les navires en bois et les navires en fer. Il est inutile de se préoccuper aujourd'hui de ces détails en présence de la loi du 20 avril 1866, article 3 : « Six mois après la promulgation de la présente loi, les bâtiments de mer à voiles ou à vapeur, gréés et armés seront *admis à la francisation*, moyennant le paiement d'un droit de *deux* francs par tonneau de jauge. Le même droit sera appliqué aux coques des navires en bois ou en fer.

L'article premier de cette même loi rétablit l'entrée en franchise de tous les objets ou machines entrant dans la construction, le gréement, l'armement et l'entretien des bâtiments de mer destinés au commerce, à la condition d'en justifier l'affectation dans le délai d'une année. (Add. règlement du 18 juin 1866).

A l'occasion de cette loi, la lutte a recommencé entre le système protecteur et celui du libre échange. Au Corps législatif, quatre séances furent consacrés à la discussion des principes généraux. MM. Thiers, Ancel et Pouyer-Quertier demandaient le rejet de la loi. MM. Dupuy de Lôme, Ozenne, Rouher et Forcade de la Roquette demandaient son adoption. Leur opinion a triomphé, et suivant nous avec raison. Nous croyons que le progrès commercial n'est possible qu'avec le libre échange, mais ce n'est pas ici que nous pouvons discuter cette importante question.

Aujourd'hui, il reste encore la condition de composer les équipages, en totalité de français pour les officiers et la mestrance, et des trois quarts au moins de nationaux pour les simples matelots.

Pour constater la nationalité du navire on remet, au propriétaire, un certificat appelé : **acte de francisation** ; mais auparavant, pour bien établir l'identité du bâtiment, il faut procéder à trois formalités : 1° le jaugeage, 2° donner un nom au navire, 3° désigner le port auquel il sera attaché, où se trouvera en quelque sorte son *domicile* légal.

1° LE JAUGEAGE. — On entend par là une opération qui a pour but de déterminer la capacité de contenance du navire.

C'est la douane qui est chargée de jauger, en suivant des formules contenues dans le décret du 12 nivôse an II, les ordonnances royales du 18 novembre 1837 et 18 août 1839.[1]

Le nombre de tonneaux obtenu par le calcul est gravé au ciseau sur les faces avant et arrière du maître bau.

2° LE NOM. — Il faut donner un nom à chaque navire, afin de pouvoir le suivre dans ses voyages et savoir à qui s'appliquent les renseignements donnés, ou contre qui sont dirigées les poursuites dans les cas de : piraterie, abordages, contrebande, etc......

Autrefois les propriétaires pouvaient changer le nom du navire ; cela a été défendu par la loi du 5 juillet 1836, article 8.

Le nom doit être inscrit à la poupe (arrière) du navire, sur le bâtiment lui-même et non sur une planche mobile. — Les lettres doivent être blanches, sur fond noir, pour qu'on puisse lire facilement ; il faut qu'elles aient *huit* centimètres de hauteur. Le décret du 19 mars

[1] La formule actuelle est :

$$T = \frac{L \times l \times c}{3,80}$$

L. — C'est la plus grande longueur du navire sous le premier pont.
l. — C'est la plus grande largeur du maître bau.
c. — C'est le creux le plus fort au maître bau.
Pour les navires à vapeur on défalque quarante pour cent représentant le volume des machines et de leurs accessoires.

1852, article 6, punit toute contravention à ces règles d'une amende de : 100 fr. à 300 fr. pour les navires naviguant au long-cours ; — de 50 fr. à 100 fr. pour le cabotage ; — de 10 fr. à 50 fr. pour la petite pêche et pour les embarcations qui naviguent avec un rôle de plaisance.

3° LE PORT D'ATTACHE. — On entend par là, le quartier ou sous-quartier, sur les registres duquel le navire est immatriculé.—Le nom du port d'attache doit également figurer à la poupe en lettres blanches de huit centimètres de hauteur, sous les mêmes peines que celles déjà indiquées pour les contraventions en matière de nom.

On peut changer, quand on le veut, le port d'attache ; il suffit pour cela de faire une déclaration à la douane du port que l'on veut quitter. On délivre, au requérant, un certificat, qui est communiqué au commissaire de l'inscription maritime. Ce certificat, établi en double expédition, est adressé au commissaire du quartier où l'on veut faire la nouvelle immatriculation. L'une des expéditions est renvoyée au quartier abandonné avec la mention de la date, du folio et du numéro inscrit sur le nouveau registre. (Voir règlement général de la marine de 1867, art. 170 et suiv.).

Celui qui demande la délivrance de l'acte de francisation, doit préalablement affirmer, par serment, sa propriété devant le juge de paix, les tribunaux civils ou de commerce suivant les localités. Il y a une formule qu'il est inutile de rapporter ici. (V. règlement général, art. 146). — L'acte constatant la prestation de serment est remis à la douane par le propriétaire, qui donne en outre une soumission et caution de : *vingt* francs par tonneau, si le bâtiment est au-dessous de 200 tonneaux; de *trente* francs par tonneau, pour les bâtiments de 200 à 400 tonneaux; et de *quarante* francs par tonneau, pour les bâtiments de 400 tonneaux et au-dessus. (Décret du 27 vendémiaire an XI).

Cette caution n'est pas versée en argent, c'est un engagement destiné à garantir qu'on ne vendra ni ne prêtera l'acte de francisation, qu'on n'en fera usage que pour le bâtiment qu'il désigne.

L'acte de francisation est signé par le chef du pouvoir exécutif et délivré par le ministre des finances.—La remise en est faite au bureau des douanes du port d'attache. Si le bâtiment devait partir de suite, ou s'il était francisé aux colonies, on lui donnerait un acte provisoire.[1]

Si le premier acte de francisation est perdu ou déchiré, on peut en obtenir un nouveau, en affirmant la sincérité de la perte, après avoir rempli les mêmes formali-

[1] Sont dispensés de l'acte de francisation : les canots et chaloupes portés sur l'inventaire du navire; — les embarcations de *deux* tonneaux et au-dessous employées à la pêche du poisson frais, ou à l'usage personnel des habitants voisin de la côte; — les bâtiments à vapeur ou à voiles qui font exclusivement la navigation fluviale; — les bâtiments de plaisance de *dix* tonneaux et au-dessous. (V. circulaire du 13 mars 1863).

tés, à la charge des mêmes cautionnements, soumission et déclaration.

Si le renouvellement de l'acte a lieu pour cause de vétusté ou parce que l'acte n'offre plus de place suffisante pour y inscrire les mutations de propriété, on ne perçoit que le prix du parchemin et du timbre.

Il faut renouveler l'acte de francisation quand on change le tonnage, ou quand on transforme le navire, par exemple, si d'un trois-mâts on fait un brick. Cela se comprend, car alors le signalement ne serait plus exact.

Quand il y a vente du navire à l'étranger, perte ou dépècement, on fait la déclaration à la Douane qui vérifie l'identité, et alors on annulle l'acte de francisation et la soumission des cautions. Enfin on radie le navire des registres de la marine.

CHAPITRE II

DE LA PROPRIÉTÉ DES NAVIRES

On acquiert la propriété des navires, d'après le droit civil : 1° par la construction, 2° par les modes habituels d'acquisition de la propriété, 3° par des modes spéciaux au droit commercial.[1]

[1] Il n'entre pas dans notre cadre de traiter des prises maritimes en temps de guerre, ni des cas de confiscations. — Ce sont des matières de droit public. Nous les indiquerons seulement.

1° PAR LA CONSTRUCTION.

On peut faire construire en son nom propre, et alors on est débiteur direct tant des matériaux qu'on achète, que des journées des ouvriers employés.

Quelquefois on fait construire, en ayant un directeur qui agit en qualité de commissionnaire. On applique alors vis-à-vis de l'armateur les principes du mandat, et vis-à-vis des tiers ceux du contrat de commission.

Enfin on peut faire construire *à forfait* en chargeant un entrepreneur du travail, moyennant une somme déterminée. C'est en nous occupant des priviléges sur les navires, que nous aurons à examiner quels sont, suivant les cas, les droits des ouvriers employés mais non payés par le constructeur.

La construction à forfait donne lieu à une question extrêmement discutée dans l'hypothèse que voici :

Un négociant veut faire construire un navire, il expose ses plans au constructeur. Celui-ci, après avoir fait ses calculs, demande cinq cent mille francs pour livrer le bâtiment prêt à prendre la mer ; mais comme il ne peut pas faire toutes les avances, il convient avec le négociant qu'on lui paiera certaines sommes à mesure que les travaux seront faits, par exemple : cinquante mille francs, toutes les fois qu'il justifiera que le navire est avancé d'*un dixième*. On se demande, dans ce cas, à qui appartient la chose en train d'achèvement ; ainsi le navire est arrivé aux huit dixièmes de sa construction, le négociant qui a fait la commande a payé quatre cent mille francs ; un accident quelconque, incendie ou inondation, peu importe, détruit ce qui a été fait, pour qui sont les risques ? Ou bien le constructeur tombe en faillite, la masse de ses créanciers gardera-t-elle les travaux faits, sauf à rembourser un dividende de cinq pour cent, par exemple, au négociant ; ou bien celui-ci pourra-t-il revendiquer le navire, quel que soit son degré d'avancement ? — Tout cela revient à se demander quel est le vrai propriétaire ?

Des auteurs et des arrêts (*sic* Paris, 20 décembre 1866 ; Dufour, *Droit maritime*, tome 2, n° 561) se prononcent pour la propriété du constructeur. Suivant eux, il y a une promesse *indivisible*, un travail à faire *per aversionem* ; tant qu'il n'est pas achevé, il n'existe pas. Il en est du navire comme de la vie, *non est, si non est tota*. — Les partisans de cette opinion invoquent l'article 1788 du Code civil : « Si dans le cas où l'ouvrier fournit la matière, la chose vient à périr, de quelque manière que ce soit, *avant d'être livrée*, la perte en est pour l'ouvrier, à moins que le maître ne fût en demeure de recevoir la chose. » On conclut de là que jusqu'à la livraison la propriété n'est point transférée.

On ne peut pas se le dissimuler, ce système est singulièrement dur pour ceux qui font construire des navires en payant des à-comptes. — Jusqu'au dernier moment ils sont à la merci du constructeur, car celui-ci pourra vendre à un tiers le navire mené aux neuf dixièmes, sans que celui qui a payé quatre cent cinquante mille francs ait autre chose qu'une créance chirographaire pour obtenir le remboursement de son argent. En effet, il ne peut pas prendre en gage la coque sur laquelle on travaille (v. art. 92 C. com.) ; il ne peut pas demander une hypothèque sur le navire qui est **meuble** (art. 190 C. com.). Il ne lui rete qu'une ressource, impraticable dans la pratique, c'est de dire au constructeur : vous ne toucherez pas un centime de moi, tant que le navire ne sera point parachevé ! Il y a bien peu de constructeur qui accepteraient cette condition pour des travaux considérables.

A notre avis, il faut admettre : que les parties du navire deviennent la propriété de celui qui a fait la commande, à mesure qu'il paye les quotités achevées (art. 1138 C. civ.). Et pourquoi n'en serait-il pas ainsi? Dans notre droit : 1° la convention fait la loi des parties ; 2° les conventions s'interprètent suivant la commune volonté des contractants. — En quoi notre solution serait-elle opposée aux principes de la loi ? On dit : le navire est indivisible, — c'est vrai ; mais est-ce que les choses indivisibles ne peuvent pas avoir de copropriétaires ? Ce navire, lui-même, quand il naviguera pourra être divisé en vingt-quatre quirats, en centièmes ou millièmes ; pourquoi, pendant la construction, ne pourrait-il pas appartenir à celui qui a fait la commande pour les quotités payées ; au constructeur pour le surplus. — C'est une indivision passagère qui n'a rien d'immoral et qui fait disparaître les dangers auxquels serait exposé, dans l'autre opinion, celui qui a fait la commande. (Voir dans ce sens : Aix, 7 décembre 1826 ; Caen, 20 février 1827 ; tribunal de la Seine, 19 mars 1858).

Il faudrait appliquer aux navires les principes de l'accession contenus dans les articles 565, 566 et 571 du Code civil ; si donc une embarcation avait été construite en grande partie avec des bois appartenant à un tiers, nous dirions que l'ouvrier aurait le droit de retenir la chose travaillée en remboursant le prix de la matière au propriétaire. Cela se présentera, du reste, bien rarement dans la pratique.

Les étrangers peuvent, aujourd'hui, faire construire des bâtiments en France ; autrefois il fallait une autorisation du Gouvernement.

2° MODES D'ACQUISITION DES NAVIRES PAR LE DROIT CIVIL.

Nous n'avons à constater ici qu'un principe ; tous les modes de translation de propriété reconnus par le droit civil s'appliquent, en règle, aux navires, ainsi : les successions, les donations, les testaments, la vente, l'échange, la prescription ; mais il y a quelques observations à présenter sur certains de ces actes juridiques.

Et d'abord notons l'**article 190** du Code de commerce : « Les navires et autres bâtiments de mer sont *meubles*. »

Dans notre ancien droit, on hésitait et on variait suivant les coutumes. — Cependant, on lit dans l'ordonnance de 1681, titre 10, article 1 : « Tous navires et autres bâtiments de mer sont réputés meubles et ne seront sujets à retrait lignager, ni à aucuns droits seigneuriaux. » Il y a longtemps, dit Valin, que cela a été décidé, et il cite : Tiraqueau, Duriche, d'Argentré, Stracha, etc...... Mais cette opinion n'était même pas générale à cette époque. En Bretagne et en Normandie les navires étaient soumis aux droits de lots et ventes — Puis autrefois, en Provence et à Bordeaux, on avait admis qu'on pouvait les hypothéquer. (Voir Dufour, *Droit maritime*, tome 1, p. 102). — Aujourd'hui la question est bien tranchée pour tout le monde ; le navire est *meuble*, il tombe, en cette qualité, dans la communauté ; il est compris dans un legs universel ou à titre universel du mobilier ; il peut faire l'objet d'un droit d'usufruit ou d'usage, — mais il ne peut pas servir d'aliment à une hypothèque.

Nous devons ajouter que la vente des navires est soumise à certaines formes, à cause de la grande valeur qu'ils représentent.

Article 195 C. com. — « La vente volontaire d'un navire doit être faite *par écrit*, et peut avoir lieu par acte public, ou par acte sous signature privée.

» Elle peut être faite pour le navire entier ou pour une portion du navire,

» Le navire étant au port ou en voyage. »

Sous l'ordonnance de 1681, on admettait aussi la vente sous seing-privé, mais cependant il semble résulter de l'article 3 du titre 10, livre 2e, que la vente par acte public produisait des effets plus complets. (Confer. Valin, tome 1, p. 610). C'est probablement par souvenir de la discussion soulevée sur cet article, que le décret du 27 vendémiaire an II, article 18, portait : « Toute vente de bâtiment ou partie de bâtiment contiendra copie de l'acte de francisation et sera faite par *devant un officier public*, sans qu'il soit perçu plus de quinze sous pour droit d'enregistrement quel que soit le prix de la vente. »

Il résulte du Code de commerce que cette nécessité de l'officier public n'existe plus; on pourra donc vendre tout ou partie du navire par acte sous seing privé, en appliquant la théorie des doubles, telle qu'elle résulte de l'article 1325 du Code civil.

Faut-il conclure du texte de la loi, que la vente des navires soit un contrat *littéral* en ce sens que s'il n'y a pas d'écrit le contrat sera **nul**? Des auteurs le soutiennent en se fondant sur la lettre de l'article 195 du Code de commerce. Le législateur, disent-ils, s'est nettement exprimé, et il a cru déjà faire une grande concession en permettant de se passer des officiers publics. D'ailleurs, ajoutent-ils, les actes de vente doivent contenir la copie de l'acte de francisation. — Tout cela suppose bien un écrit. — Ce qui se justifie enfin par la grande valeur qu'ont souvent les navires.

Nous ne partageons pas cette opinion et nous pensons que le texte, en indiquant la nécessité de l'écriture, a voulu seulement empêcher que l'on pût jamais invoquer la preuve testimoniale, dans la vente des navires. — Mais le législateur n'a pas dit que le consentement ne produirait aucun effet entre les parties, et nous ne voyons pas pourquoi on n'accepterait pas l'aveu d'une personne qui reconnaîtrait avoir vendu son navire, ou pourquoi l'on ne pourrait pas déférer le serment sur cette question ? Sans doute le refus d'admettre les témoignages dans cette matière commerciale, constitue un *jus singulare*, mais il se justifie par la grande valeur des navires. Du reste la jurisprudence applique strictement l'article 195, en ce sens qu'elle refuse la faculté de faire valoir les écrits autres que les actes de vente. —Ainsi la cour de cassation a jugé qu'on ne pourrait pas établir le contrat par la correspondance ou les livres des parties. (Cassat., 26 mai 1852; Dalloz, 53, 1, p. 178).[1]

Vis-à-vis de l'administration et vis-à-vis des tiers, la nécessité de l'écriture est absolue. — D'abord, il faut que les ventes totales ou partielles soient inscrites au dos de l'acte de francisation (art. 17, loi du 27 vendé-

[1] Dans l'ancien droit, Valin pensait que l'écriture était seulement exigée *ad probationem*. Telle était aussi l'opinion de Pothier. — Emérigon considérait au contraire l'écrit comme indispensable à la validité de la convention. « La règle du droit commun cesse, disait-il, dans tous les cas où l'écriture est expressément requise par la loi. (*Assurances*, chap. 2, sect. 1). » Aujourd'hui l'opinion de Valin est généralement adoptée.

miaire an II), sans cela la douane ne connait que le dernier propriétaire inscrit.— Puis si le navire avait été vendu à deux personnes successivement, on préfèrerait celle qui aurait été portée sur l'acte de francisation. (Cassat., 3 juin 1863 ; Dalloz, 63, 1, 289 ; — Cassat., 16 mars 1864 ; Dalloz, 64, 1, 161). — Si aucun des deux acheteurs n'était porté sur l'acte de francisation, le premier serait préféré, parce que les actes de commerce ont date certaine.

Remarquons que les tiers qui ont *connu* la vente ne pourraient pas toujours invoquer le défaut de mention sur l'acte de francisation. — Cela a été jugé par la cour de Caen contre des personnes qui avaient fait des réparations à un navire. Elles voulaient faire payer le vendeur, sous prétexte que la vente ne figurait pas sur l'acte de francisation ; mais la cour de Caen les a repoussées en déclarant, en fait, qu'elles avaient très-bien su pour qui elles travaillaient, c'est-à-dire pour l'acheteur. (V. Caen, 25 août 1868 ; Dalloz, 70, 2, 79).

Une dernière question a été soulevée et discutée, quand on vend un navire en cours de voyage ; si au moment du contrat, il y a eu perte par suite de la tempête. — L'article 1601 du Code civil déclare que : « si au moment de la vente la chose vendue était périe en totalité, la vente serait nulle. Si une partie seulement de la chose est périe, il est au choix de l'acquéreur d'abandonner la vente ou de demander la partie conservée, en faisant déterminer le prix par ventilation. »

Au conseil d'Etat, M. Portalis, prévoyant la question

qui nous occupe, disait : « Dans le commerce même il faut une matière aux contrats de vente ; or il n'y a point de contrat quand le navire vendu est péri avant la vente..... Il serait absurde que l'acheteur payât un prix pour ce qui n'existe pas...... Il ajoute que trois fois cette question a été jugée au parlement d'Aix, d'après ses défenses ou sur ses consultations. » M. Bégouen dit : « Quand on vend un navire en voyage, l'acheteur se charge indéfiniment des risques ; mais les négociants, dans leurs conventions, s'expliquent toujours de manière à prévenir l'abus de cet usage : on ne vend ordinairement qu'avec la police d'assurance. » M. Régnault de St-Jean-d'Angély observe : « *Qu'au surplus il a été reconnu que l'article ne s'applique point au commerce.* » (V. Fenet, tome 14, page 26.

Ces deux opinions sont également vraies, suivant les circonstances.

Laissons d'abord de côté la vente des choses fongibles ; si on a vendu un corps certain, comme *tel navire*, il y aura une question de fait. Les parties ont-elles entendu faire un contrat purement aléatoire ? L'acheteur devra le prix, même quand la chose n'existerait plus au moment de la vente, pourvu que les parties soient de bonne foi. Il en serait autrement si l'acheteur ne voulait pas prendre les risques à sa charge. Exemple : Je vous vends cent mille francs mon navire qui est en cours de voyage ; à ce moment il a fait naufrage, le contrat est nul faute d'objet. Supposons, au contraire, qu'on reçoive la nouvelle de sinistres arrivés dans les parages où se trouve mon navire; l'acheteur le sait et cependant il l'achète pour un prix *relativement* très-faible, *vingt-cinq* mille francs au lieu de *cent* mille; on dira alors qu'il a acheté une chance, *alea*, plutôt qu'un navire. C'est une sorte de jeu où l'on peut gagner soixante-quinze mille francs si le navire arrive à bon port, et où l'on perdra vingt-cinq mille francs s'il a sombré en pleine mer.

Rappelons qu'aujourd'hui la vente des navires français aux étrangers est permise. (V. art. 2, loi du 21 avril 1818 sur les douanes).

Art. 196. — « La vente volontaire d'un navire en voyage ne préjudicie pas *aux créanciers* du vendeur.

» En conséquence, nonobstant la vente, le navire ou son prix continue d'être le gage desdits créanciers, qui peuvent même, s'ils le jugent convenable, attaquer la vente pour cause de fraude. »

Il y a dans cet article des règles tout à fait spéciales au navire.

Et d'abord on donne aux créanciers un certain droit de suite entre les mains de l'acheteur; c'est, dit-on, un souvenir des anciennes lois du nord de l'Europe, dans lesquelles on considérait le navire comme susceptible du droit d'hypothèque avec toutes ses conséquences. (Voir Dufour, *Droit maritime*, tome 2, p. 359).—Mais, dans notre Code, on a restreint cette faveur aux cas mentionnés par l'article 196.

La raison donnée pour justifier cette dérogation aux

règles ordinairement applicables aux meubles, c'est que les créanciers du propriétaire ayant vu armer et expédier le navire au nom de leur débiteur, ont dû toujours le considérer comme leur gage ; ils n'ont pris aucune mesure conservatoire, parce qu'ils ne croyaient courir aucun risque.

Il faut, suivant l'article, que la vente ait lieu : *le navire étant en voyage ;* donc entre son départ et son retour. — Ceci a amené la question de savoir ; 1° quand le navire est-il en voyage ? 2° quand est-il réputé parti ? 3° quand est-il de retour ? Ces solutions ont une très-grande importance, puisque c'est de leur adoption que dépendra le droit de suite des créanciers.

Quelques auteurs ont voulu soutenir que le navire était en voyage, dès qu'il avait quitté son port *d'attache.* —Mais cette opinion est inadmissible ; dans une infinité de cas, le navire construit dans un port le quitte pour ne jamais y revenir ; et il faudrait dire alors, que l'article 196 du Code de commerce serait applicable à toutes les ventes faites jusqu'à sa démolition, même quand il serait désarmé depuis plusieurs années ; ce qui est évidemment en dehors des prévisions du législateur. Ainsi un navire est construit aux Martigues ou à La Seyne ; on l'immatricule dans l'un de ces ports, et il part pour aller chercher du fret à Marseille. Là il charge pour l'Inde, et revient. — Puis les affaires étant peu animées, il reste amarré dans le port pendant une année entière ; il est impossible de soutenir qu'à ce moment, il est en voyage. Il faut donc entendre par cette expression : *en voyage,* le cas : où le bâtiment est *armé* pour naviguer et aller dans un port déterminé ; le cas où il a ses expéditions de la douane et de la marine, un équipage à bord, etc.....

Mais faut-il qu'il ait déjà mis à la voile pour qu'on le répute en voyage? Nous ne le pensons pas ; il suffit qu'il ait à bord ses expéditions, et qu'il soit expédié au nom du vendeur. — Ainsi le navire a été expédié en douane le 19, il part le 20 au soir ; mais ce jour-là, dans la matinée, le propriétaire l'a vendu,—l'article 196 n'en sera pas moins applicable, parce que rien n'a été changé sur les papiers de bord, et que par conséquent la position est restée la même pour les créanciers.

Le voyage est fini quand le navire désarme, quand le rôle d'équipage est remis au bureau de l'inscription maritime, et que les commissaires font les opérations indiquées par les lois spéciales.

Mais voici une difficulté sérieuse qui se présente encore. Que faut-il entendre par ces mots : *créanciers du vendeur ;* cela comprend-il *tous* les créanciers sans distinction, ou faut-il en restreindre l'application à ceux qui ont des priviléges sur le navire, aux termes des articles 190 et 191 du Code de commerce.

Valin, dans son commentaire sur l'ordonnance de 1681 (tome 1, p. 602), résout très - nettement la question. — « *Aux dettes du vendeur.* —Comme l'article ne distingue point, il faut l'entendre de *toutes* dettes, tant simples, chirographaires, qu'hypothécaires et privilégiées. A la vérité cela paraît d'abord extraordinaire surtout par rapport aux dettes non privilégiées..... Attendu que conformément à la maxime générale du pays coutumier *meubles n'ont suite*.... Mais c'est avec juste raison qu'il y a été dérogé par cet article ; car enfin un navire, pour être au rang des meubles, n'en est pas moins un objet sur lequel les créanciers de celui à qui il appartient, ont naturellement plus de droit de compter que sur ses autres effets..... »

Ainsi pour cet auteur, il y a dans ce droit de suite un *jus singulare* fondé sur la valeur exceptionnelle des navires.— Nous pensons que le Code de commerce a suivi cette opinion et qu'il n'y a pas à distinguer.— Quelques auteurs sont d'un avis contraire ; mais c'est une erreur.

Dans le projet de code, le tribunal de Marseille voulait faire ajouter ces mots ; « *aux dettes contractées à raison du navire*, » et on n'a pas tenu compte de cette observation. (V. Locré; tome 2, 2me partie, page 47).

Le second paragraphe de l'article détermine très-clairement les droits des créanciers. — S'il y a eu *fraude*, ils pourront intenter l'action Paulienne, prévue dans l'article 1167 du Code civil. Si la vente a été faite de *bonne foi* et que les créanciers ne puissent établir que l'*eventus*, c'est-à-dire, la perte qu'ils éprouvent, l'acheteur sera dans une position identique à celle du détenteur d'un objet hypothéqué, on lui posera le dilemne : payez ou délaissez. — C'est en ce sens qu'il faut entendre les termes de la loi, quand elle dit : « nonobstant la vente, *le navire* ou *son prix* continue d'être le gage desdits créanciers. » Ce n'est pas à eux qu'il appartiendra de choisir, mais bien à l'acheteur qui pourra garder son acquisition en payant sa juste valeur.

Parmi les modes d'acquisition du droit civil, figure la **prescription.** Peut-elle s'appliquer aux navires ?

En principe, l'affirmative ne peut pas faire doute, car, d'un côté : les navires sont dans le commerce, et d'un autre : la prescription est fondée sur une présomption parfaitement applicable à ces objets. On suppose *ou* qu'il y a eu abandon de la part du vrai propriétaire *ou* qu'il a existé un titre dont la trace s'est perdue.

Mais la discussion commence, quand il s'agit de savoir quelle est la prescription applicable aux navires.

Dans notre droit, il y a *trois* prescriptions acquisitives établies par le Code civil.

1° L'une qui est *instantanée* et qui s'applique à celui qui a acquis un meuble avec juste titre et bonne foi. — Le Code la formule ainsi dans l'article 2279 : « *En fait de meubles la possession vaut titre.* » On l'explique par l'impossibilité où l'on est le plus souvent d'établir comment on est devenu propriétaire du meuble qu'on veut vendre, car il est bien rare que l'on fasse des écrits, et qu'on les conserve à l'occasion des choses qu'on achète et qu'on revend à chaque instant.

2° Pour les immeubles, il y a une prescription de dix ans entre présents, et de vingt ans entre absents, pour les acquéreurs qui ont juste titre et bonne foi. Ici il faut que le possesseur établisse en vertu de quel acte juridique il a acquis l'immeuble. (V. Code civil, art. 2265).

3° Enfin par des raisons d'utilité sociale, le législateur a déclaré (art. 2262 C. civil) : « Toutes les actions tant réelles que personnelles sont prescrites par *trente ans*, sans que celui qui allègue cette prescription soit obligé d'en rapporter un titre, ou qu'on puisse lui opposer l'exception déduite de la mauvaise foi. »

A notre avis, la prescription instantanée de l'article 2279 du Code civil ne peut pas être appliquée au navire ; ici *jamais* la possession ne *vaut titre*, puisque pour vendre un navire il faut un *acte écrit* (art. 195 C. com.), — et que l'acheteur n'est saisi vis-à-vis des tiers que par la mutation mentionnée sur l'acte de francisation. — Enfin l'article 226 du Code de commerce oblige le capitaine à avoir à son bord : « l'acte de propriété du navire. » — Il n'y a donc dans ce cas aucune des raisons qui ont pu faire admettre le système de la prescription instantanée soit dans l'ancien droit, soit dans le droit moderne. (V. cassat., 18 janvier 1870 ; Dalloz, 70, 1, 127).

La prescription de dix ans et de vingt ans nous parait également devoir être écartée, car elle est spéciale aux immeubles, et le Code de commerce, dans son article 190, le déclare d'une manière formelle : « Les navires et autres bâtiments de mer sont *meubles*. »

D'ailleurs comment calculerait-on les délais ? dans quels cas le navire serait-il réputé présent ou absent ? Il y a là une impossibilité légale évidente.

Il ne reste donc que la prescription de *trente* ans que l'on puisse invoquer. — On objecte qu'alors il n'y aura aucune différence entre le possesseur de mauvaise foi, et l'acheteur qui aura agi croyant faire une opération licite. Cela est vrai. — Ce sera encore un *jus singulare* à noter en matière de navires; mais nous ne voyons pas comment on pourrait éluder la difficulté.— Des auteurs ont voulu appliquer à la prescription acquisitive des navires, l'article 193 du Code de commerce qui a été fait pour éteindre les priviléges; nous ne comprenons pas comment on peut assimiler les deux situations.

Supposons qu'un héritier apparent, de mauvaise foi, vende un navire compris dans la succession; l'acheteur lui fait faire un voyage de *trente* jours pour aller d'un port à un autre.—Après ce délai, le véritable héritier se présente; il réclame le navire comme le reste de l'hérédité;—où donc est le texte de loi qui permettra de lui répondre: *il est trop tard.* — Il y aurait là une prescription assez importante pour que la loi l'eût prévue, car le navire peut valoir plusieurs millions.—Nous préférons dire que le législateur n'ayant pas résolu la question, il faut dès lors lui appliquer les règles générales.

Notons que l'article 430 du Code de commerce décide que le capitaine ne peut pas prescrire le navire; cela est évident, il possède à titre précaire, mais il y a là un argument à *contrario* très-fort pour faire admettre la possibilité de la prescription par d'autres personnes.

3° MODES D'ACQUISITION DU NAVIRE PAR LE DROIT COMMERCIAL.

Nous comprenons sous cette rubrique deux cas bien distincts :

1° *L'abandon* fait par le propriétaire du navire qui ne veut pas exécuter les engagements du capitaine :

2° *Le délaissement* fait en matière d'assurances.

1er cas. — Abandon par le propriétaire.

Il est formulé dans l'article 216 du Code de commerce.

Art. 216. — « Tout propriétaire de navire est civilement responsable des faits du capitaine et tenu des engagements contractés par ce dernier pour ce qui est relatif au navire et à l'expédition.

» Il peut dans **tous** les cas s'affranchir des obligations ci-dessus, par l'abandon du navire et du fret.

» Toutefois la faculté de faire abandon n'est pas accordée à celui qui est en même temps capitaine et propriétaire ou copropriétaire du navire. Lorsque le capitaine ne sera que *copropriétaire*, il ne sera responsable des engagements contractés par lui pour ce qui est relatif au navire et à l'expédition que dans la proportion de son intérêt. »

Le principe de cette disposition se trouve dans l'ordonnance de 1681, livre 2, titre 8, article 2 : « Les propriétaires des navires seront responsables *des faits du maître*, mais ils en demeureront déchargés en *abandonnant* leur bâtiment et le fret. »

Déjà, dans l'ancien droit, il s'était élevé une grande controverse, sur la portée de cet article.

En principe, le mandant répond des actes de son mandataire ; d'un autre côté, depuis des siècles, on avait tendance à déclarer que les armateurs ne seraient tenus des conséquences de l'armement que jusqu'à concurrence de sa valeur ; on voulait agir comme dans les cas des anciennes *commandes*, où l'on n'engageait que les marchandises remises au commandité.

Emérigon faisant allusion au droit d'abandon, dans divers passages de son *Traité des assurances*, et dans celui *des contrats à la grosse* (voir chap. IV, sect. XI, § 1 et § 6), l'admettait sans distinction, soit que l'engagement du capitaine provînt d'un acte licite, soit qu'il vînt d'un délit ou d'un quasi-délit.

Valin, dans son *Commentaire sur l'ordonnance de 1681* (tome 1, page 568), constate le principe, mais il fait une restriction : « S'il s'agit de dettes contractées par le capitaine pour causes ayant réellement tourné au profit du navire ; alors, que le navire arrive à bon port ou non, l'armateur ne peut se dispenser de payer. »... ..... « Il faut en dire autant du cas observé sur l'article 19 ci-dessus ; et ce cas est lorsque le capitaine a emprunté de l'argent pendant le voyage pour les besoins du navire. Alors, encore que le capitaine ait fait un bon emploi de l'argent ou non, et quoique le navire vienne à périr dans la suite, le propriétaire n'est *pas moins tenu* de payer la somme due au prêteur, sauf son recours contre le capitaine s'il a malversé. » (livre **2**, tit. VIII).

Ces deux opinions avaient partagé les auteurs et la jurisprudence.

Les rédacteurs du Code de 1807 avaient modifié la rédaction de l'ordonnance et formulé ainsi l'article 216: « Tout propriétaire de navire est *civilement* responsable des faits du capitaine pour ce qui est relatif au navire et à l'expédition. — La responsabilité cesse par l'abandon du navire et du fret. »

Ces mots *civilement responsable*, destinés probablement à faire cesser la controverse, la rallumèrent plus vive que jamais.

Les uns disaient que le droit d'abandon s'appliquait à **tous** les actes, même *civils;* qu'il y avait là une dérogation aux principes ordinaires du mandat; dérogation justifiée, dans le droit moderne, comme dans l'ancienne jurisprudence, par l'intention de limiter les pertes possibles de l'armateur à la valeur du navire et du fret.

D'autres répondaient que le mot *civilement* indiquait évidemment l'intention du législateur. Pour les obligations ordinaires, on ne se sert pas de ce vocabulaire; mais en matière de délits et quasi-délits, quand on veut faire peser sur une personne les conséquences pécuniaires d'un acte accompli par un *tiers*, on dit : il y a *respon-*

sabilité civile. — Or ceci a lieu d'après l'article 1384 du Code civil pour les *maîtres* et *commettants*, à l'occasion du dommage causé par leurs domestiques et préposés dans les fonctions auxquelles ils les ont employés.

Il résulterait de ce principe que le capitaine étant le préposé de l'armateur, celui-ci devrait répondre *civilement* de tous ses actes ; mais par une faveur spéciale au commerce on lui permet de faire, comme en droit romain, une sorte d'abandon noxal du navire et du fret.

Le tribunal de commerce de Marseille et la cour d'Aix, appliquant l'opinion d'Emérigon, autorisaient l'abandon dans **tous** les cas, mais la cour de cassation soutenant l'avis de Valin cassait les arrêts qu'on lui déférait. (V. 16 juillet 1827 ; 14 mars 1833 ; 1er juillet 1834). Dans ce dernier arrêt, la cour de cassation s'exprimait ainsi : « Attendu qu'il n'existe dans le Code de commerce aucune disposition explicite par laquelle en dérogeant à l'article 2092 du Code civil, les propriétaires de navires aient été dispensés de remplir sur leurs biens mobiliers et immobiliers les engagements contractés pour eux, par le capitaine, envers les prêteurs à la grosse, lorsqu'ils l'ont été dans les termes du mandat, suivant la règle générale établie par l'article 1998. . . . . Attendu que cette expression *civilement responsable* ne peut s'entendre que du cas où il y a eu faute ou quasi-délit commis par le capitaine. . . . . . . Par ces motifs, la cour : **casse**. »

Cet antagonisme produisait un fâcheux effet pour le commerce maritime, qui n'était pas de l'avis de la cour de cassation. — Le Gouvernement ému par des réclamations nombreuses, fit une sorte d'enquête ; les chambres de commerce de toutes les villes maritimes et le conseil général du commerce se prononcèrent formellement en faveur de la réforme demandée. — Sur vingt-six cours d'appel, dix-neuf pensèrent également qu'il était convenable de modifier l'article du Code de commerce, comme le désiraient les armateurs.

Après un premier projet retiré, en 1840, par le Gouvernement, les chambres votèrent la loi du 17 juin 1841, qui est devenue l'article 216 actuel.

Aujourd'hui il n'y a donc plus de doute possible, l'armateur peut dans **tous** les cas se dégager de la responsabilité des actes licites ou illicites du capitaine en abandonnant le navire et le fret.[1]

Dans quelques pays comme l'Angleterre, les Etats-Unis, la Prusse et l'Espagne, on fait encore la même distinction que Valin, entre les contrats et les délits ou quasi-délits.

La responsabilité, dans les limites de la loi, pèse sur celui dont le nom est inscrit comme propriétaire dans l'acte de francisation.

Remarquons que le propriétaire du navire ne répond pas des faits *personnels* du capitaine, comme : traite des nègres, contrebande, violation des règles imposées par la police générale de la navigation. (V. cassation, 12

[1] On avait proposé d'obliger le propriétaire à abandonner également le montant de l'assurance, mais cela a été repoussé.

janvier 1847). — Il faut que l'acte rentre dans l'exercice régulier des fonctions du mandataire *comme capitaine* : d'où on doit conclure que, s'il y avait eu des engagements pris par le capitaine, comme *subrécargue*, préposé à la gérance et à la vente de la cargaison, l'article 216 du Code de commerce ne serait plus applicable, on rentrerait dans les règles du mandat ordinaire, avec ses conséquences de responsabilité du mandant.

On admet généralement que le droit d'abandon existerait, si le fait de baraterie venait, non du capitaine, mais de l'équipage.

Le fret abandonné est celui qui a été acquis *depuis* l'acte ou l'engagement du capitaine, mais non le fret antérieur.

Le propriétaire exerce le droit d'abandon même vis-à-vis de l'équipage, à moins qu'il n'ait contribué directement à l'engagement des matelots. (Marseille, 4 novembre 1861 ; 30 mai 1862. Clariond, 61, 1, 287 62, 1, 173). — On fait de même l'abandon aux passagers qui demandent à être indemnisés de la perte de leurs bagages. (Paris, 22 mai 1862 ; Clariond, 62, 2, 86). — Le droit peut être exercé en appel pour la première fois, mais alors le propriétaire du navire paie les frais de toute l'instance. (Bordeaux, 27 décembre 1860; Clariond, 60, 2, 49).

L'abandon n'est soumis à aucune forme spéciale.

S'il y a plusieurs copropriétaires, chacun peut faire en son particulier l'abandon des *quirats* qui lui appartiennent ; et ici il faut remarquer la fin du § 3 de l'article 216 tel qu'il a été rédigé en 1841.

Le législateur vient de décider que le capitaine, en même temps propriétaire de *tout* le navire, ne peut pas faire l'abandon ; sa responsabilité personnelle est engagée ; mais s'il n'a qu'une certaine quantité de *quirats*, il ne sera responsable que dans la *proportion de son intérêt*.

On a dit dans la discussion que, si on imposait dans ce cas une responsabilité illimitée au capitaine copropriétaire, on irait contre le but de la loi.

Il est bon, en effet, que les capitaines soient intéressés dans la propriété des navires, car on obtiendra d'eux plus de prudence, de célérité et d'économie.

Si le capitaine copropriétaire restait responsable de toute la perte liquidée, quand les autres intéressés seraient libérés par l'abandon, sa position deviendrait très-fâcheuse car il n'aurait plus de recours contre eux ; il est donc plus juste de restreindre la responsabilité personnelle du capitaine à la proportion de son intérêt dans la propriété du navire.

2me CAS. — **Le délaissement en matière d'assurances.**

Le délaissement c'est l'abandon fait par l'assuré à l'assureur de la *propriété* des choses qui ont fait l'objet du contrat, à la charge de payer le montant de l'assurance. (V. Emérigon, *Assurances*, chap. 17, sect. 6).

Puisque le délaissement transfère la propriété, il doit

être fait par le propriétaire lui-même ou son mandataire spécial. Le capitaine n'a pas en principe le droit de délaisser, seulement il vend le navire ou les marchandises avariées pour le compte de qui il appartiendra. (Cassation, 15 mai 1854 ; Dalloz, 54, 1, 162).

L'article 385 du Code de commerce formule ainsi les conséquences de cet acte : « Le délaissement signifié et accepté ou jugé valable, les effets assurés *appartiennent* à l'assureur à partir de l'époque du délaissement.

» L'assureur ne peut sous prétexte de retour du navire se dispenser de payer la somme assurée. » (Voir Marseille, 14 avril 1859 ; Clariond, 59, 1, 169).

Ainsi toutes les chances postérieures sont pour l'assureur, qui recevrait, par exemple, les indemnités payées par les gouvernements étrangers pour les navires indûment pris par leurs vaisseaux, et ce, quand même les assurés n'auraient été indemnisés que par des dividendes minimes touchés dans la faillite des assureurs.

Le délaissement doit être total et pur et simple (art. 372 C. com.).

Quels sont les délais fixés par la loi ; quels sont les cas où le délaissement est possible ? Ces questions rentrent dans l'application de la théorie des assurances maritimes ; nous n'avions ici à constater que l'effet translatif de propriété.

4° MODES D'ACQUISITION DU NAVIRE D'APRÈS LE DROIT PUBLIC.

Dans cet ordre d'idées il faut mentionner :

A. *La Confiscation.* — Quand un navire est saisi pour fait de contrebande (V. loi du 4 germinal an II; décret du 11 juin 1806, loi du 28 avril 1816, art. 41), ou bien pour rupture de blocus. Les tribunaux compétents prononcent alors que la propriété du navire est acquise à l'État, qui le vend ordinairement aux enchères publiques.

B. *La Prise* par les corsaires ou par les navires de la marine militaire pendant les guerres maritimes.

Le droit des gens a admis en principe qu'il est permis de saisir sur mer les navires et les marchandises des ennemis, quand la guerre est déclarée, et la propriété des prises est attribuée au capteur.

Pour augmenter leurs forces maritimes, les nations belligérantes donnaient, en outre, à des armateurs particuliers des *lettres de marque*, en vertu desquelles ils étaient considérés comme des combattants réguliers et non comme des pirates.

Il y a beaucoup à dire sur la légitimité de ces armements en course, qui ne sont à tout prendre qu'une permission donnée de piller et de voler. — Dans la plus part des cas les corsaires fuyent devant les navires armés et ne s'attaquent qu'aux bâtiments marchands incapables de se défendre.

L'honnêteté publique a obtenu un premier succès en ce que, par une déclaration du 16 avril 1856, les puissances Européennes figurant dans le traité de Paris du 30 mars 1856, après la guerre de Crimée, ont arrêté les quatre principes suivants :

« 1° La course est et demeure abolie.

» 2° Le pavillon neutre couvre la marchandise ennemie, à l'exception de la contrebande de guerre.

» 3° La marchandise neutre, à l'exception de la contrebande de guerre, n'est pas saisissable sous pavillon ennemi.

» 4° Les blocus, pour être obligatoires, doivent être effectifs, c'est-à-dire, maintenus par une force suffisante pour interdire réellement l'accès du littoral ennemi. »

Après cette déclaration, il reste encore pour la marine militaire le droit de prendre les navires marchands appartenant aux ennemis, et c'est là une coutume dont il faut demander la suppression.

Quand on apprend, pendant la guerre, qu'un corps ennemi a pillé une ville sans défense et l'a incendiée après le pillage, tout le monde pousse des cris d'indignation. — Et quand on apprend qu'un vaisseau armé de cinquante canons, a abordé un trois-mâts monté par vingt hommes, transbordé les marchandises et coulé ensuite le bâtiment, on trouve cela tout naturel. Il y a cependant là un abus énorme de la force brutale. Aussi nous comprenons et nous approuvons la conduite de l'Espagne, des Etats-Unis et du Mexique qui ont refusé d'accéder au traité de 1856, à moins qu'on ne décidât qu'on respecterait les navires marchands tant qu'ils ne porteraient pas de contrebande de guerre. Remarquons que cette dernière extension du principe avait été admise, en 1866, dans la guerre entre la Prusse et l'Autriche.

C. *Le Sauvetage.* — L'ordonnance de 1681, livre 4, titre 9, article 27, attribue aux sauveteurs le *tiers* de la propriété des navires sauvés au large, en pleine mer. — Mais il faut que l'opération ait lieu hors de la vue des côtes, autrement le sauveteur n'aurait droit qu'à une indemnité. (V. Aix, 26 juillet 1866; Capdeville, 1867, p. 226).

Le sauveteur étant propriétaire du tiers peut demander le partage en nature, ou la licitation si le partage est impraticable.—L'usage attesté par Valin est de laisser l'option au sauveteur. (Voir Bédarride, *Droit maritime*, nos 33 et suiv.)

CHAPITRE III

DE LA COPROPRIÉTÉ DES NAVIRES

La copropriété des navires est amenée par la grande valeur qu'ils représentent; les armateurs veulent souvent diviser leurs risques, et ils prennent des intérêts dans divers armements.

Lorsque la copropriété résulte d'une succession, il y a *indivision* entre les cohéritiers ; mais si on la fait durer au lieu de partager ou de liciter, cela devient une sorte de société *sui generis*, mais qui a nécessairement un caractère commercial. (V. art. 633 C. com.). C'est une sorte de participation ; et même des personnes veulent que cette indivision entraîne solidarité entre les copropriétaires ; — mais cela est discuté. (V. Bédarride, *Droit maritime*, tome 1, p. 389).

Il est évident que si plusieurs personnes se réunissent pour acheter un navire, elles font un acte de commerce, et les difficultés, s'il y en a, pour l'exécution du contrat devront être portées devant les tribunaux consulaires.

Dans la Méditerranée, on suppose ordinairement que le navire est divisé en *vingt-quatre* **quirats**. — Dans l'Océan, on calcule par **centièmes**, ou par **millièmes**. Mais rien n'empêcherait d'adopter, dans la pratique, une autre division.

Art. 220. — « En tout ce qui concerne l'intérêt commun des propriétaires d'un navire, l'avis de la *majorité* est suivi.

» La majorité se détermine par une portion d'intérêt dans le navire excédant la moitié de sa valeur.

» La licitation du navire ne peut être accordée que sur la demande des propriétaires, formant ensemble la *moitié* de l'intérêt total dans le navire, s'il n'y a par écrit convention contraire. »

Remarquons d'abord cette fin d'article : toutes les

conventions écrites dérogeant à l'article 220 du Code de commerce, seront suivies, quand elles n'auront rien d'illicite par elles-même. — Ainsi quand on a constitué un armateur *gérant*, c'est lui qui prend toutes les déterminations et qui représente soit activement soit passivement les autres copropriétaires.

Dans tous les autres cas, la majorité des quirataires décide ; elle fait la loi, même quand elle décide que le navire restera dans le port. (Valin, tome 1, p. 582). — Mais la majorité ne pourrait pas contraindre la minorité à faire les avances nécessaires pour acheter une cargaison ; et si elle prend cette décision en ce qui la concerne, elle devra payer le fret, au cours de la place, à ceux des intéressés qui n'ont pas voulu prendre part à la spéculation.

Il est également admis par tout le monde que l'assurance du navire doit être consentie à l'unanimité, sans cela chacun peut faire assurer à part les quirats dont il est propriétaire.—C'est une mesure de précaution individuelle, conforme du reste au texte de l'article 335 du Code de commerce qui porte : « l'assurance peut être faite sur le *tout* ou sur une *partie* desdits objets, conjointement ou séparément. »

Par une dérogation spéciale aux règles ordinaires de l'indivision [1], la licitation ne peut être demandée que

[1] Article 815 du Code civil : « Nul ne peut être contraint à demeurer dans l'indivision ; et le partage peut être toujours provoqué, nonobstant prohibitions et conventions contraires. »

par la *moitié* des quirataires. — On a pris encore ici en considération la grande valeur des navires, et le dommage qui résulterait pour les divers propriétaires d'une licitation demandée à contre temps.

Cette règle était déjà formulée dans l'ordonnance de 1681, livre 2, titre 8, article 6 : « Aucun ne pourra contraindre son associé de procéder à la licitation d'un navire commun, si ce n'est que les avis soient également partagés sur l'entreprise de quelque voyage. »

La loi avait prévu le cas de partage, et déclaré qu'il y avait lieu à licitation. — Autrement on aurait pu soutenir que la majorité n'existant d'aucun des deux côtés, on devait rester dans le *statu quo*.

Déjà du temps de Valin, on se demandait si l'article de l'ordonnance était applicable, quand la copropriété portait sur *plusieurs* navires. — Les uns tenaient pour l'affirmative par argument d'analogie. Les autres pensaient que, dans cette hypothèse, il fallait appliquer les règles ordinaires des sociétés commerciales, et nous croyons que l'on doit aujourd'hui se ranger à cette opinion.

Chaque quirataire peut vendre sa part à qui bon lui semble, sans que les autres copropriétaires puissent exercer un droit de préemption.

CHAPITRE IV

DES PRIVILÉGES SUR LES NAVIRES

SECTION Ire

ÉNUMÉRATION DES PRIVILÉGES — COMMENT IL FAUT LES CONSTATER

Art. 190. — « Les navires et autres bâtiments de mer sont meubles.

» Néanmoins ils sont affectés aux dettes du vendeur et spécialement à celles que la loi déclare privilégiées. »

Nous avons déjà dit que les navires étaient meubles, mais que, par suite de leur grande valeur et comme souvenir des anciennes lois commerciales, on admettait qu'il y avait pour les créanciers un droit de suite dont nous avons vu la réalisation pour *tous* les créanciers dans le cas de la vente du navire en voyage (art. 196 C. com.).

Nous allons examiner une autre application de cette règle pour les priviléges énumérés par la loi ; dans ces divers cas et tant qu'il n'y a pas eu la purge spéciale établie par les articles 193 et 194 du Code de commerce, les créanciers privilégiés considèrent la propriété comme n'ayant pas changé de mains ; ils procèdent par commandement et par saisie. (V. Pouget, *Droit maritime*, tome 1, page 114).

Remarquons, en commençant, que cette matière est de *droit étroit;* pour pouvoir invoquer le privilége, il faut être dans les termes même des articles 192 et 193 du Code de commerce. Peu importe qu'on fasse valoir que le fait s'est passé à l'étranger et avec des étrangers; quand ceux-ci invoquent la qualité de créanciers privilégiés d'après le droit français, il faut qu'ils réunissent toutes les conditions exigées par notre loi. (Aix, 9 décembre 1870; Capdeville, 71, 1, 156).

Art. 191. — « Sont privilégiées et *dans l'ordre* où elles sont rangées les dettes ci-après désignées. »

Le Code a déterminé l'ordre des priviléges, et il a eu raison; cela évite des difficultés interminables comme celles qui s'élèvent sur l'article 2102 du Code civil. — L'ordonnance de 1681, livre 1, titre 14, articles 16 et 17, n'avait fait le classement que d'une manière incomplète, ce qui donnait lieu à de nombreux procès. Valin disait sur cette matière (tome 1, page 362): « On ne trouve point dans cet article XVI une énumération exacte des collocations à faire par ordre de préférence; mais seulement la règle qu'il faut garder pour la préférence entre les seuls créanciers privilégiés qui y sont dénommés. Il ne s'en suit donc point qu'il n'y ait pas d'autres créanciers privilégiés, ni que ceux-ci doivent absolument entrer les premiers en ordre. »

Nous n'avons pas aujourd'hui à nous préoccuper d'autre chose que du texte et de l'ordre suivi par le législateur.

1°. — « Les frais de justice et autres faits pour parvenir à la vente et à la distribution du prix. »

Ce privilége est fondé sur cette idée que les frais faits pour arriver à convertir le navire en argent, ont été avancés dans l'intérêt de tous les créanciers ; il est donc juste que ceux qui en ont profité les paient.

On constate les frais de justice par les états arrêtés par les tribunaux compétents. (Art. 192 C. com., § 1). — Remarquons pour ce privilége comme pour les autres que la loi subordonne formellement son exercice, à l'observation des formes fixées dans cet article.

Tout le monde reconnait qu'il y a un *lapsus* dans le § 3 de l'article 192 ; il semble déclarer que les états de frais seront arrêtés par le président du tribunal de commerce dans le cas du § 1 de l'article 191, — ce qui est impossible puisqu'il s'agit là de saisie et de vente en justice, opérations qui se font nécessairement devant le tribunal civil, les tribunaux de commerce ne connaissant pas de ces actes d'exécution. (Art. 442 C. procéd.).

2°. — « Les droits de pilotage, tonnage, cale, amarrage et bassin ou avant bassin. »

Ces droits sont constatés par les quittances légales des receveurs. (Art. 192, § 2).

Il y a ici une certaine idée de conservation du navire ; en outre ce sont des impôts dont la perception est toujours privilégiée. (V. art. 2098 C. civ.).

Les pilotes côtiers, lockmans, lamaneurs comme travaillant et labourant la mer (Guidon de la mer, chap.

5, art. 14) sont *seuls* privilégiés. Le pilote, hauturier, de la haute mer, fait partie de l'équipage et participe au privilége des matelots.

Le capitaine peut refuser de prendre un pilote, mais alors il engage sa responsabilité personnelle.—Le privilége s'applique non-seulement aux salaires tarifés du pilote, mais encore aux dommages que sa chaloupe aura pu éprouver en abordant et en escortant le navire.

On appelle *pilotes pratiques*, soit les pêcheurs, soit tout autre marin qu'on rencontre dans les parages où il n'y a point de pilotes assermentés, et auxquels on confie la conduite du navire. Ces marins ont également un privilége pour leur salaire. (V. ordonnance du 23 novembre 1844, art. 27, et Dufour, tome 1, page 166).

Depuis le 1er janvier 1866, les droits de tonnage sont en principe abolis, même pour les étrangers. (V. loi du 19 mai 1866, art. 4). — Mais on les rétablit souvent, pour un temps limité dans tel ou tel port, quand il s'agit de payer certains travaux profitant à tous les navigateurs, par exemple, pour l'établissement de bassins à flot. (Voir pour le port de Bordeaux, le décret du 6 juillet 1868).

3°. — « Les gages du gardien et frais de garde du bâtiment depuis son entrée dans le port jusqu'à la vente. »

C'est ici le principe de conservation du gage commun. —L'ordonnance de 1681, livre 4, titre 1, article 2, exigeait qu'il y eût toujours des gardiens à bord, à peine de cinquante livres d'amende, contre les maîtres et patrons. — Cette exigence est encore en pleine vigueur.

Les salaires du gardien sont déterminés par des états arrêtés par le président du tribunal de commerce. (Art. 192, § 3.).

4°. — « Le loyer des magasins où se trouvent déposés les agrès et apparaux. »

C'est toujours le principe de conservation joint à l'idée de gage qu'on retrouve dans l'article 2102 § 1 du Code civil pour les locateurs de maisons et de fermes.

Le *quantum* est constaté par le président du tribunal de commerce ; mais, bien entendu, on pourra discuter les chiffres contenus dans les états, car le président ne les a pas vérifiés contradictoirement.

Si l'on vend tout à la fois le navire et les agrès, le privilége du locateur de magasin s'exerce sur la totalité du prix, d'une manière indivisible. — Si l'on vend les agrès seulement, le privilége est restreint sur leur produit.

5°. — « Les frais d'entretien du bâtiment et de ses agrès et apparaux depuis son dernier voyage et son entrée dans le port. »

Ce droit est fondé sur l'idée de conservation ; les frais ont été faits dans l'intérêt de la masse des créanciers. Le *quantum* est établi par des états arrêtés par le président du tribunal de commerce. (Art. 192, § 3).

6°. — « Les gages et loyers du capitaine et autres gens de l'équipage employés au *dernier* voyage. »

Ce qui caractérise le *dernier* voyage c'est le désarmement du navire au bureau de la marine.

On ne considère pas chaque escale comme un voyage distinct.—Mais si le voyage en cours de s'effectuer était rompu et qu'on en commençât un autre, un nouveau privilége prendrait naissance et l'ancien n'existerait plus.

De tout temps on a admis le privilége de l'équipage: « S'il ne reste qu'un clou, il doit servir à payer l'équipage, » dit le Consulat de la mer (chap. 93, 138).— (Add. ordonnance de 1681, liv. 1, tit. 14, art. 16).

Les sommes dues sont établies par les rôles d'armement et de désarmement arrêtés dans les bureaux de l'inscription maritime. (Art. 192, § 4). — Le matelot porteur d'un billet du capitaine ne serait pas privilégié. (Marseille, 27 mars 1865; Chataud, 1865, p. 120).— On n'étend point le privilége au *chapeau*, sorte de gratification promise au capitaine en sus du fret. (Aix, 21 novembre 1833).

7°. — « Les sommes prêtées au capitaine pour les besoins du bâtiment pendant le dernier voyage, et le remboursement du prix des marchandises par lui vendues pour le même objet. »

Ce privilége s'applique à tous les prêts sans distinction; il comprendrait même les prêts à la grosse, qui peuvent seulement donner lieu à un intérêt plus fort par suite de leur caractère aléatoire.

Ces sommes ayant servi à conserver le gage commun,

il est juste de les rembourser avant tous autres créanciers qui en ont indirectement profité. S'il y avait eû des prêts successifs pendant le voyage, les derniers seraient préférés, comme cela a lieu pour tous les priviléges fondés sur une idée de conservation.

Il faudra établir les sommes prêtées et les marchandises vendues pour le navire, pendant le dernier voyage, par des états arrêtés par le capitaine, appuyés de procès-verbaux signés par le capitaine et les principaux de l'équipage, constatant la nécessité des emprunts ou des ventes. (Art. 192, § 5).

Il résulte de l'article 298 du Code de commerce que s'il y a eu des marchandises vendues *successivement* pendant le voyage, on ne fait pas la même distinction que pour les prêts; les dernières ne passent point avant les premières; la liquidation se fait au marc le franc. « Lorsque de l'exercice de ce droit (art. 216 — abandon du navire) résultera une perte pour ceux dont les marchandises auront été vendues ou mises en gage, elle sera répartie au *marc le franc* sur la valeur de ces marchandises et de toutes celles qui sont arrivées à leur destination, ou qui ont été sauvées du naufrage, postérieurement aux événements de mer qui ont nécessité la vente ou la mise en gage. » Cette solution date de la loi du 14 juin 1841, elle constitue une grave différence avec les prêts d'argent.

On pourra toujours contester que la vente ait été faite dans l'intérêt du navire, car dans le cas où cette contestation serait admise, le capitaine répondrait seul du remboursement.

8°. — « Les sommes dues aux vendeurs, aux fournisseurs et ouvriers employés à la construction, si le navire n'a point encore fait de voyage : et les sommes dues aux créanciers pour fournitures, travaux, main-d'œuvre, pour radoub, victuailles, armement et équipement *avant* le départ du navire s'il a déjà navigué. »

Le vendeur a mis une valeur dans le patrimoine du débiteur ; les ouvriers ont conservé le gage.

Les sommes dues seront constatées par les mémoires, factures ou états, *visés* par le capitaine et arrêtés par l'armateur, dont un **double** sera déposé au greffe du tribunal de commerce *avant* le départ du navire, ou au plus tard dans les *dix* jours après son départ. (Art. 192, § 6). — Le défaut de *visa* du capitaine entraînerait la perte du privilége, à moins qu'il n'y ait eu refus, ou impossibilité de viser ; alors on remplacerait cette formalité par la citation en justice. (Marseille, 13 décembre 1859 ; Clariond, 60, 1, 11).

On accorde un privilége de même rang à ceux qui ont nourri l'équipage, par ordre du capitaine, quand il n'y a pas de cuisine à bord, comme cela a lieu, souvent, dans les ports où l'on défend d'allumer des feux sur les navires.

Le privilége des ouvriers existe même quand le navire n'est pas encore achevé de construire. Autrefois ils avaient droit de saisie, à moins qu'on ne leur eût signifié que le navire était construit à forfait. (Consulat de la mer, chap. IX, 54. — Add. ordonnance de 1747 que le parlement d'Aix refusa d'enregistrer). — Valin soutenait qu'il suffisait que les ouvriers eussent connaissance que le navire était construit à forfait pour leur refuser le droit de gage. (Tome 1, p. 369).—Aujourd'hui l'on discute. La jurisprudence admet le privilége quand les ouvriers *ont dû* croire qu'ils travaillaient pour le constructeur. (Bordeaux, 4 et 18 août 1856; Devil. et Car., 58, 2, 225). — Ce serait donc une question de fait. La présomption est cependant en faveur des ouvriers, il faudrait prouver qu'ils connaissaient le forfait. Du reste peu importerait que le constructeur eût déjà reçu une partie des sommes dues, on ne pourrait pas opposer aux ouvriers l'article 1798 du Code civil, qui subordonne leurs droits au paiement fait à l'entrepreneur, et limite leur action à ce qui lui est encore dû. Il y a ici un droit spécial aux constructions maritimes. (V. Pouget, tome 2, page 546).

Le Code dit : « Si le navire n'a point encore fait de voyage. »—Pour les ouvriers, cela signifie si le navire n'a pas pris la mer.

Pour le vendeur, si le navire n'a pas navigué depuis la vente.

Remarquons que le vendeur aurait le droit de résolution si le navire n'était point payé (art. 1654 C. civ.) ; mais dans le cas de faillite ce droit et le privilége disparaîtraient. (Art. 550 C. com.).

9°. — « Les sommes prêtées à la grosse sur le corps, quille, agrès, apparaux, pour radoub, victuailles, armement et équipement *avant* le départ du navire. »

Pour conserver ce privilége, les prêts doivent être constatés par contrats passés devant notaire ou sous signatures privées dont les expéditions ou doubles seront déposés au greffe du tribunal de commerce dans les dix jours de leur date. (Art. 192 § 7 et art. 312, C. com.).

Cette formalité a été demandée par le tribunal de commerce de Bordeaux. Elle est inutile quand le prêt à la grosse est fait par acte notarié. Le défaut de dépôt au greffe empêcherait d'opposer le privilége aux tiers dont les droits seraient antérieurs à l'enregistrement; mais il en serait autrement vis-à-vis des créanciers postérieurs à l'accomplissement de l'article 312 du Code de commerce, quand même on ne l'aurait fait qu'après l'expiration des dix jours. La loi n'a pas fixé ce délai à peine de déchéance.

D'après l'article 323 du Code de commerce, les prêteurs à la grosse sont remboursés dans l'ordre inverse des contrats, en ce sens que les derniers passent avant tous les autres, parce qu'ils sont considérés comme ayant conservé le gage commun. Cela ne serait pas applicable aux prêts faits *avant* le départ, on suppose qu'ils sont tous à la même date; il y aurait concours, car aucun des prêteurs n'a fait l'affaire des autres; ils ont également contribué à mettre le navire en état de partir.

10°. — « Le montant des primes d'assurances faites sur le corps, quille, agrès, apparaux et sur armement et équipement du navire dues pour le dernier voyage. »

Les primes sont constatées par les polices ou par les extraits des livres des courtiers d'assurances. (Art. 192 § 8).—Les assureurs ont ordinairement entre les mains un billet de prime qui leur sert de titre.

Il faut remarquer ici, que, par exception, les livres des courtiers d'assurances font foi, c'est une faveur qui leur est particulière.

Le dernier voyage peut contenir plusieurs escales (Rouen, 26 mai 1840; J. du P., 40, 2, 208); mais le privilége serait perdu si le navire assuré pour l'*aller* seulement, avait fait le voyage de retour. (Bordeaux, 5 mars 1861; Dalloz, 62, 2, 54). Quand l'assurance est faite pour un temps déterminé, par exemple, pour un an, ce délai ne constitue qu'un seul voyage.

Les assureurs ne seraient pas, à notre avis, privilégiés pour le demi pour cent que la loi leur accorde en cas de *ristourne*, ce n'est pas une portion de la prime.—Cependant il y a des auteurs qui leur accordent ce droit.

11°. — « Les dommages-intérêts dus aux affréteurs, pour le défaut de délivrance des marchandises qu'ils ont chargées, ou pour remboursement des avaries souffertes par lesdites marchandises par la faute du capitaine ou de l'équipage. »

Ces dommages-intérêts seront constatés par les jugements ou par les décisions arbitrales qui seront intervenues. (Art. 192, § 9).

Il ne faut pas étendre ce privilége aux indemnités dues pour simple retard dans la livraison.

Le consulat de la mer mettait ce privilége au numéro deux, après celui des matelots (chap. 18, 63); l'ordonnance de 1681, comme le Code le plaçait le dernier.

« *Les créanciers compris dans chacun des numéros du présent article viendront en concurrence et au marc le franc, en cas d'insuffisance du prix.* »

Remarquons, en terminant cette section, que les priviléges ne s'exercent jamais sur les sommes dues par les assureurs, même quand les créanciers auraient fait l'assurance par : *negotiorum gestio.*

SECTION IIe

COMMENT CESSENT LES PRIVILÉGES SUR LE NAVIRE VENDU PAR LE DÉBITEUR

Art. 193. — « Les priviléges des créanciers seront éteints, indépendamment des moyens généraux d'extinction des obligations,

» Par *la vente* en justice faite dans les formes établies par le titre suivant;

» Ou lorsqu'après une vente volontaire, le navire aura fait un voyage en mer *sous le nom* et *aux risques* de l'acquéreur et sans opposition de la part des créanciers du vendeur. »

Ce que la loi dit de la vente faite à la suite d'une saisie, serait également vrai pour toutes les ventes faites en justice, par exemple : en cas de licitation, ou s'il y avait vente après la faillite du propriétaire.

Quant à la vente volontaire, pour qu'elle purge les priviléges il faut **trois** conditions :

1° Un voyage fait avec des expéditions au nom de l'acheteur ;

2° Que les risques soient pour lui ;

3° Qu'il n'y ait pas d'oppositions des créanciers du vendeur dans les délais fixés par l'article suivant :

Art. 194. — « Un navire est censé avoir fait un voyage en mer,

» Lorsque son départ et son arrivée auront été constatés dans deux ports différents et *trente* jours après le départ ;

» Lorsque sans être arrivé dans un autre port, il s'est écoulé plus de *soixante* jours entre le départ et le retour dans le même port, ou lorsque le navire parti pour un voyage de long cours, a été plus de soixante jours en voyage, sans réclamation de la part des créanciers du vendeur. »

Valin disait (tom. 1, p. 625) : *quand le navire a été dans une amirauté différente.* Il valait mieux fixer un délai certain, comme l'a fait le Code de commerce.

On calcule suivant le nombre de jours depuis le départ, mais il n'est point nécessaire que le navire ait navigué pendant toute cette période ; ce serait ruineux pour les bateaux à vapeur, par exemple.

Si nous supposons que le navire vienne du Hâvre à Bordeaux, on calculera depuis la date du départ. Le navire aura mis six jours, par exemple, à faire le voyage, il reste vingt-six jours dans la rade de Bordeaux ; les priviléges sont purgés.

De même le navire va à Bordeaux et revient au Hâvre en vingt jours. Pendant les douze jours qui suivent les créanciers gardent le silence, leur droit de suite n'existe plus.

Si les créanciers réclamaient avant l'expiration des délais légaux, l'acheteur serait tenu de purger ou de délaisser le navire.

Il faut que le changement de propriétaire ait été mentionné, comme nous l'avons déjà dit, sur l'acte de francisation.

Le départ et l'arrivée sont constatés sur les registres d'entrée et de sortie des ports. (Loi du 27 vendémiaire an II, art. 36).—Les délais sont comptés *francs* du jour de départ et d'arrivée.

Pour savoir si un voyage est au long-cours ou un simple cabotage, il faut recourir à l'article 377 du Code de commerce : « Sont réputés voyages de long-cours ceux qui se font au-delà des limites ci-après déterminées :

» Au Sud, le 30e degré de latitude nord, — les îles Canaries ;

» Au Nord, le 72e degré de latitude nord, — l'Islande ;

» A l'Ouest, le 15e degré de longitude du méridien de Paris, — l'Irlande ;

» A l'Est, le 44e degré de longitude du méridien de Paris, — la mer Blanche, la mer Caspienne et une partie de la mer Méditerranée. »

DES

ASSURANCES

MARITIMES

Articles 332 à 396 du Code de commerce

DES ASSURANCES MARITIMES

ARTICLES 332 A 396 DU CODE DE COMMERCE

« ASSURANCES, porte le Guidon de la mer, est un contrat, par lequel on promet indemnité des choses qui sont portées d'un pays dans un autre, spécialement par la mer, et ce, par moyen du prix convenu à *tant pour cent*, entre l'assuré qui fait ou fait faire le transport, et l'assureur qui promet indemnité. »

Avec l'assurance disparaissent les dangers de la mer pour le négociant ; il achète sa sécurité moyennant une prime, qui n'est jamais bien forte, si on la compare aux dommages éprouvés quand un objet non assuré vient à périr ; d'un autre côté, l'assureur, divisant ses risques sur plusieurs navires, a pour lui plus de chances de gagner que de perdre ; c'est ce qui fait que les assureurs, particuliers ou compagnies, ne manquent jamais de répondre aux appels du commerce.

A quelle époque faut-il placer l'origine du contrat d'assurances à prime ? En vérité, on n'en sait rien.

Des auteurs croient trouver la notion, encore informe, de l'assurance, dans quelques textes romains. Tite-Live (livre 23, chap. 49) raconte qu'après les batailles de Trasimènes et de Cannes, il fallait envoyer des renforts aux deux Scipions, qui relevaient la puissance Romaine en Espagne. Trois compagnies de Publicains se présentèrent; elles soumissionnaient la fourniture et le transport au conditions suivantes : 1° leurs membres seraient exemps du service militaire; 2° les marchandises chargées sur les navires seraient aux risques du trésor public.

Ce n'est point là le contrat d'assurances; c'est simplement l'application de l'article 100 de notre Code de commerce : « La marchandise sortie des magasins du vendeur ou de l'expéditeur voyage, s'il n'y a convention contraire, aux risques et périls de celui à qui elle appartient..... »

Suétone rapporte un exemple analogue dans la vie de Claude (chap. 19). Il fallait faire venir des blés à Rome, l'empereur traite avec des négociants : « *Suscepto in se damno, si cui per tempestatem accidisset.* »

C'est encore une application du même principe.

Un fait qui a donné lieu à plus de discussions, c'est l'histoire de Cicéron vainqueur en Cilicie et voulant faire parvenir à Rome le butin fait par l'armée; il écrivait à Caninius Sallustius : « *Laodicœ me* PRÆDES *accepturum arbitror omnis publicœ pecuniœ ut et mihi et populo cautum sit sine vecturœ periculo.* » (*Ad famil. epist.*, lib. 2, epist. 17).

Des auteurs disent qu'il s'agit simplement là, d'un contrat de *change ;* l'argent devait être livré à des banquiers qui s'engageaient à faire toucher à Rome une somme égale.

D'autres voient dans ce contrat une assurance à *prime*. Nous pensons qu'il est plus sage de se rattacher au premier système ; cette convention de faire toucher de l'argent dans un lieu convenu était fréquente à Rome, et on la réglementait par la formule : *de eo quod certo loco promissum est.* Mais on ne comprendrait pas qu'un contrat aussi important que l'assurance à *prime* n'eût jamais été mentionné depuis Cicéron, soit dans les auteurs classiques, soit dans le *corpus juris* de Justinien.

Emérigon disait que les Romains avaient déjà le contrats d'assurances, mais à l'état de *sauvageon*.

M. Egger, de l'Institut, a trouvé dans des *papyri* grecs venant d'Egypte, un fait qui se rapproche singulièrement de la notion moderne des assurances. A Babylonne, un noble macédonien, Antigène, de Rhodes, s'engageait, moyennant une somme de *huit* drachmes par tête, à poursuivre les esclaves fugitifs et à indemniser les propriétaires s'il ne pouvait les atteindre.

Dans le Consulat de la mer, on trouve une sorte d'assurance mutuelle entre les marchands chargeurs et l'armateur du navire. On l'appelait *Germinamento* du mot *agermanar* s'associer.

On y lit dans le chapitre 180 : « Si le navire est obligé d'échouer, le capitaine doit dire aux marchands : messieurs nous ne pouvons éviter d'échouer à terre, et mon avis serait que le navire répondît de la marchandise et celle-ci du navire. » Cette convention fut, dans la suite, sous-entendue très-souvent.

M. Frémery voit là une assurance mutuelle; M. Alauzet n'est point de cet avis ; en tous cas ce n'est pas encore l'assurance à *prime*. Toutes ces suppositions, et bien d'autres qui ont été faites, sont entièrement problématiques; il vaut mieux dire que l'assurance est née des besoins de la pratique. On a compris que le risque divisé était moins à craindre que pour un seul ; mais on ne sait point quand on a eu l'idée de faire ce contrat.

M. Pardessus (*Lois maritimes*, tome 2, page 370) fait remarquer que l'on trouve des assurances à *primes* dans la période de 1436 à 1481.

Dans le Nord, les assurances étaient usitées depuis la fin du XVe siècle, mais on n'en fait pas mention dans les textes législatifs avant le XVIe siècle.

Quoiqu'il en soit, il est établi par le Guidon de la mer, qu'au moment de sa rédaction, par un auteur inconnu (dans la période de l'an 1556 à 1584), les assurances à prime étaient usitées : en France, en Italie, en Espagne, en Angleterre, dans la Flandre, dans les villes Hanséatiques, etc...... Il en résulte également, que déjà cette matière donnait lieu à des difficultés. On lit dans le chapitre 2, § 12 : « Sur l'évaluation des marchandises, il advient de grands discords, car aucuns ont tenu que l'estimation devait être faite au temps de la perte ; autres au temps que le navire est arrivé au port de salut ; les plus récents sont d'avis qu'il faut regarder au temps de *l'achat*, ce qui se pratique en la perfection des cargaisons et factures. »

Notons que presque tous les articles du Guidon de la mer, sur les assurances maritimes, ont passé dans l'ordonnance de 1681, et de là dans notre Code de commerce.

Outre le Guidon et l'ordonnance de 1681, on peut citer, en France, comme s'étant préoccupé des assurances : une ordonnance de Charles IX en 1556 ; — une ordonnance de Louis XV, du 17 août 1779 : on y exigeait la présentation du certificat de visite pour pouvoir délaisser (art. 4), et on permettait d'assurer le fret acquis (art. 6) ; enfin un arrêt du règlement du 5 février 1780.

Il faut remarquer que l'assurance est toujours un acte de commerce pour l'assureur, et peut être un simple acte d'administration pour l'assuré.

Aujourd'hui l'usage des places joue un grand rôle dans l'interprétation des polices.

La loi française qui admet l'assurance repousse la *gageure*. — Il y a *assurances* quand l'objet du contrat appartient à l'assuré, ou que celui-ci agit pour le compte du propriétaire. — Il y a *gageure* si l'assuré n'a aucun intérêt à la conservation de l'objet en risques, par exemple si l'on dit : je vous donnerai 100 fr. de prime si le navire de Paul arrive à bon port, et vous me paierez 4000 fr. s'il périt pendant son voyage.

Les assurances ont donné lieu à certaines dispositions fiscales pour le timbre des polices. (V. loi du 5 juin 1850, art. 37 ; circulaire du 29 août 1851 ; Dalloz, 52, 2, 6).

SECTION Ire

DU CONTRAT D'ASSURANCES ACTUEL SES ÉLÉMENTS — SA FORME

Le contrat d'assurances est une convention aléatoire, à titre onéreux, synnallagmatique, du droit des gens, par laquelle une personne nommée *assuré* s'engage à payer une *prime* à une autre personne nommée *assureur*, qui promet de son côté de l'indemniser des pertes totales ou partielles qu'il pourra éprouver par suite des chances de la navigation.

L'assurance est :

1° *Aléatoire*, pour l'assureur qui gagne la prime en cas d'heureuse arrivée, et qui perd s'il y a un sinistre ; mais il n'en est pas de même pour l'assuré qui ne peut jamais faire un bénéfice. — Stracchà disait : « *Assecuratus non quœrit lucrum, sed agit ne in damno sit.* » (Gloss. 20, n° 4). Il faut, à peine de nullité, qu'il y ait une chance pour l'assureur.

2° *A titre onéreux*. Il faut toujours une prime payée à l'assureur ; — quel que soit son taux, elle n'est jamais usuraire.

3° *Synnallagmatique*, car il y a des obligations nombreuses pour l'assuré, même quand il a payé la prime comptant.

4° *Du droit des gens*, car l'assurance peut avoir lieu avec les étrangers comme avec les nationaux.

L'assurance est, sous certains points de vue, un contrat de *droit strict*: ainsi : pour les déclarations influant sur l'opinion des risques; pour les délais à observer dans les significations à l'assureur...... Sous d'autres points de vue elle est de bonne foi, car on peut souvent suppléer au silence des parties, par les clauses d'usage sur les places de commerce. (V. cassation, 4 janvier 1854; Dalloz, 54, 1, 388.—Add. Emérigon, *Assurances*, chap. 1, sect. 5).

A. Formes extrinsèques du contrat d'assurances

Art. 332 § 1. — « Le contrat d'assurances est rédigé par *écrit.* »

§ 4. — « Il peut être fait sous signature privée. »

§ 5. — « Il ne peut contenir aucun blanc. »

L'acte écrit se nomme : *police*, — du mot italien : *polizza*, promesse. On peut faire la police devant un notaire, ou devant un courtier d'assurances. (Art. 79, C. com.).—Il faut remarquer que, contrairement à ce qui avait lieu pour les courtiers de marchandises, leurs registres font foi comme actes authentiques. (Conf. art. 192 § 8 C. com.).

A l'étranger les Français peuvent faire les polices d'assurances devant le chancelier du consulat; sinon ils suivent les formes du pays.

Déjà dans l'ancien droit on discutait pour savoir si l'écriture est exigée, en matière d'assurances, *ad solemnitatem vel ad probationem tantum.*—Le Guidon de la mer posait en règle (art. 2) que les polices verbales étaient prohibées sur toutes les places. L'ordonnance de 1681 (liv. 3, tit. 6, art. 2) exigeait un écrit; aussi Emérigon disait-il dans son traité (chap. 2, sect. 1) : « Je crois donc, d'après notre ordonnance, qu'on ne peut déférer le serment décisoire à celui qui dénie l'assurance verbale, ni le faire répondre catégoriquement.»

Valin, dans son *Commentaire sur l'ordonnance de 1681,* et Pothier, dans son *Traité des assurances*, ne partageaient pas cette opinion.

Voici comment s'exprime Valin (tome 2, page 29) : « Le commentateur..... conclut de ces mots : *sera rédigé par écrit*, que l'assurance doit être par écrit, à peine de nullité, et que la preuve par témoins ne serait pas recevable quand même il s'agirait d'une somme au dessous de cent livres..... Ici l'on pense qu'il s'est trompé, quoique cet article dise positivement, sera *rédigé par écrit*..... car enfin l'article n'ajoutant pas *à peine de nullité,* l'on ne peut pas l'y suppléer. » Comme conclusion Valin admettait la preuve testimoniale de l'assurance au-dessous de cent livres.—Certains auteurs admettent encore l'opinion de Valin. — Quant à nous, il nous paraît que le Code n'a voulu suivre entièrement ni l'un ni l'autre système. — D'un côté, en demandant un écrit, il a proscrit la preuve testimoniale; d'un autre, en ne prononçant pas la nullité il laisse à l'assuré la ressource du serment décisoire et de l'interrogatoire sur faits et articles. — L'écriture ne serait donc exigée que *ad probationem*.

Le Code défend de laisser des blancs dans les polices, on le faisait autrefois pour y insérer des *avenants*[1]; mais cette coutume pouvait donner lieu à des fraudes qu'il fallait éviter. — Cependant la loi ne prononce pas la nullité de la police, si elle contient des blancs.

Art. 333. — « La même police peut contenir plusieurs assurances soit à raison des marchandises, soit à raison du taux de la prime, soit à raison de différents assureurs. »

En pratique, chaque place a sa police imprimée. Les amirautés blâmaient cet usage qui a cependant prévalu. — Notons que les clauses ambigües s'interprètent contre l'assureur, c'est à lui à bien déterminer l'étendue des engagements qu'il veut prendre. (Paris, 3 juin 1847; J. du P., 47, 2, 527).

La police ouverte reste ordinairement déposée chez le courtier; chacun des assureurs fait sa souscription et on lui remet un bulletin pour mémoire. Souvent il n'y a qu'une seule date, bien qu'il y ait plusieurs soumissions; c'est un abus, car si on a assuré pour une somme plus forte que le capital en risques, on ne saura sur qui faire porter le *ristourne*, il faudra faire un *prorata*.

[1] On appelle *avenants* ou *advenants* les actes dressés postérieurement à la police pour la modifier, l'expliquer ou la compléter.

Une difficulté s'élève encore quand chacun des assureurs néglige de mettre la date de sa soumission. Supposons que le premier ait daté du 15 juin par exemple, et tous les autres qui suivent se contentent de signer sans dater. M. Bédarride, dans son *Traité de droit maritime* (n° 1020), dit qu'à Marseille c'est cette date qui fera foi ; si on voulait en mettre une autre il faudrait ouvrir une nouvelle police ; donc le courtier clôturera à la date mise par le premier assureur. MM. Pardessus et Alauzet sont d'un autre avis : ils pensent que le courtier doit clôturer la police au jour *vrai* et qu'alors toutes les assurances non datées prennent cette date. Cela nous paraît plus rationnel, car depuis les premières signatures, le navire a peut-être péri ; en tous cas c'est une question qui sera surtout réglée par l'usage des places, mais il est plus prudent que chacun des assureurs date son engagement.

Quand l'un des assureurs met une modification à la police imprimée, ceux qui signent ensuite sans observation, sont présumés avoir accepté le changement.

Une fois que la signature est sur la police, on ne peut plus la retirer bien que le courtier ne l'ait pas encore clôturée ; l'engagement est définitif. (V. Emérigon, chap. 2, sect. 4).

Lorsque divers assureurs ont signé à la même date, sur la même police, ils ne sont pas solidaires, et pour savoir s'il y a lieu à appel des jugements prononcés contre eux, on examine, non pas le total des sommes assurées, mais bien le montant de chacune des soumissions. (Aix, 10 mars 1869 ; Capdeville, 1869, page 623).

B. FORMES INTRINSÈQUES DU CONTRAT D'ASSURANCES

On entend par formes *intrinsèques* les énonciations qui *doivent* ou qui *peuvent* figurer dans la police. Ce sera au juge à décider celles qui doivent être exigées à peine de nullité.

Art. 332 § 2. — « Le contrat est daté du jour auquel il est souscrit. »

§ 3. — « Il y est énoncé si c'est *avant* ou *après* midi. »

Ces énonciations sont substantielles, car il faut savoir de quel jour date l'assurance et à quel temps elle s'applique. De plus, la date est utile pour établir la présomption de connaissance du sinistre, puisque l'on compte la distance par heures comme nous le verrons à l'occasion de l'article 366 du Code de commerce.

La date est encore utile pour ristourner, quand il y a trop d'assureurs, et enfin pour fixer à partir de quel moment courra la prescription de cinq ans établie par l'article 432 du Code de commerce.

Si l'on n'a pas dit que la police a été signée avant ou après midi, des auteurs veulent que la présomption soit pour l'heure la plus avancée de la journée.

§ 6. — « Le nom et le domicile de celui qui fait assurer, sa qualité de propriétaire ou de *commissionnaire.* »

Quand on assure ou qu'on est assuré en qualité de commissionnaire, il y a une obligation personnelle, même quand on désigne le tiers, et il faut souvent le faire pour vérifier si l'assuré avait intérêt au contrat. On appliquera, du reste, toutes les règles ordinaires du contrat de commission. (V. Emérigon, *Assurances*, chap. 3, sect. 7; chap. 5 introd. et sect. 3).

Bien que la question ait été controversée, nous pensons que l'on peut faire assurer comme *negotiorum gestor* le navire ou les marchandises d'autrui. — Il n'y a pas une bonne raison à donner pour refuser ce droit à des créanciers, par exemple. Bien entendu que le bénéfice de l'assurance sera tout entier pour la masse des créanciers et non pour ceux qui ont provoqué la police. (Colmar, 27 novembre 1848; J. du P., 50, 1, 658; — cassation, 2 février 1857; 11 avril 1860; Dalloz, 57, 1, 69; 60, 1, 240).

En pratique on assure : pour qui sera nommé au connaissement; ou pour compte de qui il appartiendra. Donc la police peut être : *nominative*; *à ordre*, ou *au porteur*. (V. Bédarride, n°ˢ 1041 à 1078).

§ 13. — « La nature et la valeur ou l'estimation des marchandises ou objets que l'on fait assurer. »

Le défaut d'estimation n'entraîne pas nullité de l'assurance; nous verrons comment l'article 339 du Code de commerce permet de combler cette lacune.

On fait quelquefois des polices flottantes; quand on assure *telle somme*, sur un navire désigné allant de tel lieu à tel autre, *en quoi que le tout consiste.* Alors l'assureur répond de toutes les marchandises, qui se succèdent à bord les unes aux autres tant que dure le voyage, sans qu'on ait besoin de l'avertir des divers changements.

Art. 362. — « Si le capitaine a la liberté d'entrer dens différents ports pour compléter ou échanger son chargement, l'assureur ne court les risques des effets assurés que lorsqu'ils sont à bord s'il n'y a convention contraire. »

Quelquefois la police porte sur : *facultés inconnues*, quand un navire est expédié de l'étranger et qu'on ne sait pas encore ce qu'il aura à bord ; mais quand on l'apprend ensuite il faut le faire connaître à l'assureur par un *avenant.*

Art. 337 § 2. « — Les marchandises elles-mêmes peuvent, en ce cas, être assurées sans désignation de leur nature et espèce. »

§ 3. — « Mais la police doit indiquer celui à qui l'expédition est faite ou doit être consignée, s'il n'y a convention contraire dans la police d'assurance. »

Cette dernière condition est exigée pour qu'on puisse en quelque sorte localiser le contrat ; sans cela on aurait pu substituer des marchandises perdues à des marchandises sauvées et destinées à une autre personne.

S'il y a eu exagération dans l'évaluation des marchandises on peut l'établir, même quand l'assureur aurait déclaré l'accepter.

Art. 336. — « En cas de *fraude* dans l'estimation des effets assurés, en cas de supposition ou de falsification, l'assureur peut faire procéder à la vérification et *estimation* des objets, sans préjudice de toutes autres poursuites, soit civiles soit criminelles. »

Remarquons que l'on peut toujours provoquer l'estimation, même quand il n'y aurait pas fraude, mais simple erreur ; car l'assuré ne doit jamais recevoir une valeur supérieure à celle qu'il a mise en risques. Mais d'un autre côté, Emérigon (chap. 9, sect. 5) disait que l'assuré ne pourrait pas prouver que l'estimation avait été trop faible, afin de faire valoir les secondes assurances.

Art. 338. — « Tout effet dont le prix est stipulé dans le contrat en *monnaie étrangère* est évalué au prix que la monnaie stipulée vaut en monnaie de France, suivant le cours à l'époque de la signature de la police. »

On a établi cette règle parce que souvent les valeurs des monnaies étrangères varient, ainsi : les piastres, les gourdes, les dollars, les moïdores, etc. . . . . .

Art. 339. — « Si la valeur des marchandises n'est point fixée par le contrat, elle peut être justifiée par les factures ou par les livres : à défaut l'estimation est faite suivant le prix courant au temps et au lieu du chargement, y compris tous les droits payés et les frais faits jusqu'à bord. »

Très-souvent on suit le prix courant, plutôt que les factures; surtout quand on fait assurer des marchandises achetées depuis un certain temps et dont la valeur a pu varier avec le cours de la place.

Art. 340. — « Si l'assurance est faite sur le retour d'un pays où le commerce ne se fait que par *troc* et que l'estimation des marchandises ne soit pas faite par la police, elle sera réglée sur le pied de la valeur de celles qui ont été données en échange, en y joignant les frais de transport. »

Les pays de troc sont encore aujourd'hui: le Sénégal, le Gabon, le royaume de Dahomey et la côte ouest d'Afrique.—On importe : des étoffes, des armes, du corail, de l'ambre, de la poudre, etc...., et on rapporte en échange : de l'ivoire, de la poudre d'or, de la gomme, de l'huile de palme, des arachides, etc......

Remarquons que dans ces pays certaines marchandises ont la valeur de la monnaie, et qu'alors l'article 340 n'est plus applicable si on les a employées en paiement. Ainsi il est convenu que la *barre* (monnaie idéale) vaut 6 fr. 25 c.; que les pièces de guinée valent de 9 fr. à 12 fr. 50 c.; que les cawris (coquillages) valent 1 fr. par 122 cawris.

Du reste le Code ne statue que dans le silence des parties.

Rappelons que d'après le Guidon de la mer (titre 2, § 11) et l'ordonnance de 1681 (liv. 3, tit. 6, art. 18), on restait toujours son propre assureur pour un *dixième* de la valeur mise en risques; on voulait exciter ainsi la vigilance des assurés. Cependant l'ordonnance permettait de faire assurer la totalité par une clause formelle. L'article 19 prohibait cette convention quand les assurés étaient sur le vaisseau ou s'ils en étaient propriétaires.

Art. 332 § 7. — « Le nom et la désignation du navire. »

Emérigon dit qu'il faut bien désigner le navire; vaisseau à trois-mâts; brick; felouque, etc...... Cependant il faudra voir si la déclaration a ou n'a pas influé sur l'opinion des risques; ainsi quand on a dit une *tartane* pour un brick de même dimension. (Emérigon, chap. 6, sect. 2).

Pour le nom on aura à examiner les faits, si par exemple on a dit, par erreur, la Marie pour l'Heureuse-Marie.

Ces désignations ont une grande importance pour les assureurs, parce qu'ils pourront, au moyen d'un registre appelé *veritas* et qui porte le nom de tous les navires, connaître très-approximativement l'état de celui qu'on veut faire assurer.

Chaque bâtiment a sa cote. Dans la première classe : 3|3,—dans la deuxième classe : 5|6,—dans la troisième classe : 3|4,—dans la quatrième classe: 2|3,—dans la cinquième classe : 1|2. Au delà on ne cote plus les navires; les assureurs savent donc quelles sont les chances de solidité qu'ils présentent.

Il est encore important de désigner les nationalités, surtout en temps de guerre maritime.

On déroge à la règle que nous venons de poser dans une sorte d'assurance connue sous le nom : d'assurance *in quo vis*, ce qui a lieu dans le cas prévu par :

Art. 337 § 1. — « Les chargements faits aux échelles du Levant, aux côtes d'Afrique et autres parties du monde pour l'Europe, peuvent être assurés sur quelque navire qu'ils aient lieu, *sans désignation* du navire ou du capitaine. »

On a soin seulement quand on connaît ensuite le navire de faire un *avenant ;* mais les assureurs répondent des sinistres, quand même l'avenant serait tardivement présenté à leur signature. (Aix, 15 mars 1870 ; Capdeville, 1870, page 404).

Sauf le cas d'assurances *in quo vis*, le défaut d'indication du navire entraînerait la nullité du contrat.

On peut assurer les marchandises par lots divisés à charger chacun sur tel navire, ou bien *conjointement* en donnant au chargeur le droit de mettre toutes les choses assurées sur un seul bâtiment si cela lui convient. Alors la responsabilité est proportionnelle à ce que prend chaque navire.

Art. 332 § 8. — « Le nom du capitaine. »

Le plus ou moins d'habileté du capitaine peut déterminer la confiance des assureurs, et il y aurait nullité du contrat si on les trompait sciemment. (Bordeaux, 29 mars 1848 ; J. du P., 48, 2, 17). — Dans la pratique pour éviter les difficultés venant de la maladie du capitaine, ou de sa rupture avec les armateurs (v. art. 218 C. com.), après avoir mis le nom dans la police, on ajoute : *ou tout autre pour lui.*

§ 9. — « Le lieu où les marchandises ont été ou doivent être chargées. »

Cela est encore important, car il y a des ports plus dangereux les uns que les autres ; par exemple les rades foraines, comme à l'île Bourbon.

§ 10. — « Le port d'où ce navire a dû ou doit partir. »

§ 11. — « Les ports ou rades dans lesquels il doit charger ou décharger. »

§ 12. — « Ceux dans lesquels il doit entrer. »

Souvent les polices donnent le droit de faire échelle ; ainsi on lit dans l'article 6 de la police de Marseille : « Il est permis au capitaine de dérouter, rétrograder et faire échelle partout où besoin sera pour accomplir l'objet du voyage assuré. » Mais il ne faut pas changer le but du voyage ; si une fois le navire avait sérieusement dérouté, il aurait beau revenir dans la véritable voie, le contrat serait annulé rétroactivement. (V. Emérigon, chap. 13, sect. 16).

§ 14. — Les temps auxquels les risques doivent commencer et finir. »

Souvent on convient, pour les assurances sur corps, que les risques courront à partir du moment où le navire commencera à prendre charge. (V. police de Marseille, art. 5).

Art. 341. — « Si le contrat d'assurances ne règle point le temps des risques, les risques commencent et finissent dans le temps réglé par l'article 328 pour les contrats à la grosse. » — C'est-à-dire, pour le navire : du jour où il a fait voile jusqu'au jour où il est ancré ou amarré au port ou au lieu de sa destination ; pour les marchandises : du jour qu'elles ont été chargées dans le navire ou dans les gabarres pour les y porter jusqu'au jour où elles sont délivrées à terre.

On assure pour un voyage; pour *aller* seulement ; pour *aller et retour ;* on dit alors que le contrat est à prime liée, et elle est due en totalité même quand le navire périt en allant, car le risque a commencé et il n'y a en réalité qu'un seul voyage. (Emérigon, ch. 3, sect. 2).—Pour les voyages de *caravanes*, c'est-à-dire, quand le navire doit aller successivement charger et décharger dans divers ports, on considère aussi cela comme se faisant d'une seule traite et la prime est due en entier dès que le risque a commencé.

Art. 363. — « Si l'assurance est faite pour un temps limité, l'assureur est libre après l'expiration du temps et l'assuré peut faire assurer les nouveaux risques. »

L'assurance est à temps limité quand elle a lieu pour six mois, pour un an; l'assuré peut alors envoyer le navire où bon lui semble; c'est une question de fait. (Cassation, 1er août 1859; Dalloz, 59, 1, 359). Quelquefois en assurant pour un temps limité on désigne le voyage, par exemple: on assure pour quatre mois et pour un voyage de Bordeaux à Calcutta. Après les cent vingt jours écoulés, le navire n'est pas encore arrivé, que faut-il décider? En règle il faut dire que l'assurance a pris fin. — Cependant des auteurs disent que la mention du voyage dénote, chez les contractants, l'intention de proroger l'assurance si le navire est en retard; dans ce cas il y aura lieu à un supplément de prime que les juges calculeront *ex æquo et bono*. — C'est évidemment une question de fait.

On prévoit ordinairement, dans les polices, le nombre de jours de planches, ou *staries*, accordées au navire pour décharger et pendant lesquels les assureurs restent responsables des sinistres.

La police de Marseille (art. 5) fixe ce délai à *quinze* jours, à moins que le déchargement n'ait été plutôt terminé.

§ 15. — « La somme assurée. »

Cette énonciation est essentielle pour que l'assureur puisse déterminer l'étendue de sa soumission.

§ 16. — « La prime ou le coût de l'assurance. »

Ce mot *prime* vient, dit-on, de *primo*, parce qu'autrefois il fallait toujours payer la prime comptant. (Emérigon, ch. 3, sect. 1).

Dans la pratique moderne, la prime est le plus souvent payable à terme : tant de temps après l'arrivé du navire.—On fait alors des billets appelés : *billets de prime*. Suivant certaines polices, ces billets sont absolument non négociables. (Marseille, art. 26). — Suivant d'autres, la négociation n'est permise qu'après l'arrivée du navire. — On a voulu éviter que l'on ne considérât le billet comme établissant une novation qui ferait perdre le privilége de la prime. (Art. 191 § 10 C. com.).

On stipule toujours que le billet de prime sera reçu en paiement de la perte.

La prime est *fixe* quand son taux est définitivement fixé ; *variable* quand son augmentation ou sa diminution est subordonnée à certains événements, comme la déclaration de la guerre ou la conclusion de la paix.

Art. 343. — « L'augmentation de prime qui aura été stipulée en temps de paix pour le temps de guerre qui pourrait survenir, et dont la *quotité* n'aura pas été déterminée par les contrats d'assurances, est réglée par les tribunaux en ayant égard aux risques, aux circonstances, et aux stipulations de chaque police d'assurance. »

On pourrait convenir également d'une diminution de prime pour le cas où la paix serait faite pendant le voyage. Mais dans le silence des parties, l'assuré ne pourrait pas demander une diminution, l'assureur ayant couru pendant un temps quelconque les risques de guerre.

La prime est le plus souvent fixée en *argent* : tant pour cent, ou une *somme* déterminée.—Mais rien n'empêcherait de convenir de toute autre chose, comme : des marchandises à livrer, des actes à accomplir, etc......

L'assureur non payé de la prime peut saisir conservatoirement le navire. (Cassation, 4 mars 1858 ; Dalloz, 58, 1, 125).

Art. 332 § 17. — « La soumission des parties à des arbitres, en cas de contestation, si elle a été convenue. »

Cette clause est assez rare dans la pratique.

§ 18. — « Et généralement *toutes les autres conditions* dont les parties sont convenues. »

SECTION II

PERSONNES QUI PEUVENT FIGURER DANS LE CONTRAT D'ASSURANCES

Il faut, en principe, appliquer les règles ordinaires de la capacité des personnes. Puis on distinguera : l'assurance *passive* de l'assurance *active*.

Il y a assurance passive de la part des personnes qui

font assurer leurs propriétés. C'est un acte d'administration et de prévoyance. Ainsi le fonctionnaire qui est envoyé dans l'Inde fait sagement de se mettre en dehors des risques maritimes par une assurance pour tous les objets qu'il emporte avec lui.

Il faut dire, d'une manière générale : toute personne ayant la capacité suffisante pour faire les actes d'administration pourra souscrire une assurance passive.

Nous avons déjà dit que les créanciers d'une personne pourraient faire assurer les biens du débiteur par *negotiorum gestio.*—Quelques personnes l'ont nié en disant que les souscripteurs de la police ne pourraient pas faire le délaissement. — Mais cette objection n'est point sérieuse. Nous verrons bientôt que le délaissement n'est qu'un accident du contrat d'assurances ; la véritable action qui en dérive c'est l'*action d'avaries.*

Quant à l'assurance active, à l'acte de se porter assureur, sa validité est subordonnée à la capacité commerciale, car elle constitue toujours un acte de commerce. (Art. 633 C. com.).

Nous avons déjà dit également qu'on pouvait se porter assureur en qualité de commissionnaire ; si on a dit pour compte de qui on agissait, l'assureur aura une action directe, contre l'assuré, pour arriver au paiement de la prime, et l'assuré une action directe contre l'assureur en paiement des sinistres. (Aix, 21 novembre 1866 ; Brémond, 1866, page 237).

SECTION III

CHOSES QUI PEUVENT OU NE PEUVENT PAS FAIRE L'OBJET DU CONTRAT D'ASSURANCES

Art. 334. — « L'assurance peut avoir pour objet : — le corps et quille du vaisseau, vide ou chargé, armé ou non armé, seul ou accompagné, — les agrés et apparaux, — les armements, — les victuailles, — les sommes *prêtées* à la grosse, — les marchandises du chargement, et toutes autres choses ou valeurs estimables à prix d'argent, sujettes aux risques de la navigation. »

Art. 335 § 1. — « L'assurance peut être faite sur le tout ou sur une partie desdits objets, conjointement ou séparément. »

Quand on assure le corps et quille du vaisseau, cela signifie tout le navire avec ses agrés, apparaux, etc...., en un mot tout ce qui a été dépensé pour la mise dehors du navire.

L'assurance sur facultés comprend le chargement contenu dans le navire.

Quand on assure le corps et quille et les facultés *conjointement*, il peut arriver que le navire périsse, tandis que les marchandises seront sauvées. Dans ce cas on fera une attribution au marc le franc de la valeur du navire et des marchandises. Il n'est pas possible de poser en règle que l'on divisera par moitié, car il peut y avoir une grande différence entre la valeur du navire et celle de la cargaison ; le premier peut être estimé, par exemple, à trois cent mille francs, et les facultés à un ou deux millions,—et alors il y aurait un ristourne considérable pour l'assurance sur corps et quille. (V. Emérigon, ch. 10, sect. 1).—Ce mode de calcul par proportion aux évaluations est formellement ordonné par la déclaration du 17 août 1779, article 10.

On considère le navire comme armé, quand il est surtout destiné à l'attaque.

L'ordonnance de 1681, livre 3, titre 6, articles 9 et 10, permettait de faire des assurances sur la liberté, mais non sur la *vie* des personnes. Il y avait une exception pour la vie des captifs rachetés des Barbaresques, jusqu'à concurrence de la somme payée pour le rachat, et encore ces assurances ne comprenaient pas le cas de mort naturelle. (Art. 11).

Aujourd'hui des auteurs soutiennent qu'il faut encore suivre cette doctrine, le Code de commerce étant muet sur la question. Mais cette opinion est erronée ; la loi française actuelle admet parfaitement les assurances sur la vie humaine, comme mesure de prévoyance.—La loi des 24-29 juillet 1867 porte, article 66 : « ..... Les assurances *sur la vie* mutuelles ou à primes restent soumises à l'autorisation et à la surveillance du Gouvernement. »

Le principe ne fait donc pas doute, seulement il faut que l'assureur remplisse certaines conditions. Ne serait-il pas absurde que la loi permit de se faire assurer contre les risques que l'on court en chemins de fer, et qu'elle défendit de le faire contre les risques que l'on court sur mer ?

Une autre question encore discutée, c'est celle de savoir si les risques de la *contrebande* peuvent faire l'objet d'un contrat d'assurances ? Émérigon, sans approuver cet acte, le tenait pour obligatoire ; il y voyait une sorte de représailles contre les étrangers. Cependant il n'osait pas se montrer trop affirmatif, il disait en parlant d'un auteur qui déclarait l'acte nul : « Je n'aurais garde de désapprouver la doctrine de cet auteur respectable. Mais peut-être qu'il aurait été moins rigide, s'il eût considéré que l'*interlope* est un vice commun à toutes les nations commerçantes. » (Émérigon, chap. 8, sect. 5.—Add. Valin, sur l'art. 49 de l'ordonnance).

Pothier, le jurisconsulte honnête par excellence, déclare ce contrat illicite, et il a raison—c'est un acte immoral ; quand on vient dans un pays, en temps de paix, on se soumet tacitement à ses lois. Faire la contrebande c'est un vol ; on frustre le trésor public des droits non payés. — Enfin même au point de vue du droit, quand on fait la contrebande c'est un *gain illicite* qu'on ne peut pas faire assurer. Il est évident que cette règle ne serait plus applicable, si on était en guerre avec le pays auquel les marchandises sont destinées, car alors il y a un acte d'hostilité dont l'assureur peut couvrir les risques s'il le juge convenable. C'est ainsi qu'on pouvait faire assurer un corsaire ayant des lettres de marques, et que le contrat aurait été nul s'il s'était appliqué à un pirate courant sus aux navires de toutes les nations.

Art. 335 § 2. — « Elle peut être faite en temps de paix ou en temps de guerre, avant ou *pendant* le voyage du vaisseau. »

L'assurance faite pendant le voyage peut être faite sur bonnes ou mauvaises nouvelles.

Art. 367. — « Si cependant l'assurance est faite sur bonnes ou mauvaises nouvelles, la présomption mentionnée dans les articles précédents n'est point admis. — Le contrat n'est annulé que sur la preuve que l'assuré savait la perte, ou l'assureur l'arrivée du navire, avant la signature du contrat. »

Il est remarquable de voir subsister un contrat dont l'objet n'existait plus au moment de la convention. — Mais la coutume commerciale a fait admettre cette opinion, pour éviter une grande quantité de contestations qui se seraient élevées, sur le moment de la perte du navire. L'assureur est averti, il aura à proportionner la prime aux risques qu'il redoute, et il ne s'en fait pas faute. Émérigon raconte qu'après un ouragan arrivé à St-Domingue, on assura à Marseille, sur bonnes et mauvaises nouvelles, à la prime de quatre-vingt-dix-huit pour cent.

Il y a certaines choses dont la loi défend l'assurance.

Art. 347. — « Le contrat d'assurances est

nul, s'il a pour objet le *fret* des marchandises existant à bord du navire, — les loyers des gens de mer, — les sommes *empruntées* à la grosse, — les profits maritimes des sommes prêtées à la grosse. »

Remarquons que souvent, en France, on fait des assurances sur tous ces objets. Les polices sont alors appelées *polices d'honneur*, parce qu'elles n'ont aucune valeur juridique devant les tribunaux ; ce sont des dettes assimilées aux dettes de jeu. — Cette assimilation est remarquable, parce que celui qui a payé volontairement ne peut pas répéter (art. 1967 C. civ.), tandis que si l'on admettait simplement la nullité du contrat, on aurait après le paiement : la *condictio indebiti.*

L'article 347 défend de faire porter l'assurance sur le *fret* des marchandises qui sont à bord et qu'on appelle dans la pratique : le *fret espéré*, parce qu'il n'est point certain qu'on le touchera, l'article 302 du Code de commerce déclarant qu'il n'est dû *aucun fret* pour les marchandises perdues par naufrage ou échouement, pillées par des pirates ou prises par les ennemis.

Mais déjà dans l'ancien droit les auteurs disaient que la prohibition ne s'appliquait point : au *fret acquis.* — Que faut-il entendre par cette expression ?

Si on entend par là le fret déjà payé, il n'y a pas de difficultés ; on fait assurer une somme d'argent qui est à bord ; mais ce n'est plus le *fret.* Si on a en vue le fret dû par le chargeur qui n'a pas encore payé, quoique la marchandise soit arrivée, c'est la solvabilité d'un débiteur que l'on fait assurer et cela est encore parfaitement licite.

Valin, sur l'article 15 du titre 6, livre 3 de l'ordonnance, suppose, à peu près, le cas de l'article 302 § 2 du Code de commerce : le fret a été payé d'avance et il est convenu que même en cas de naufrage il ne sera pas restitué. Alors c'est l'assuré qui s'adressant à l'assureur dit qu'il met en risques : 1° cent francs de marchandises ; 2° dix francs de fret payés sans retour. Ce serait là le *fret acquis* qu'on pourrait faire assurer.

Emérigon cite une autre opinion (chap. 8, sect. 8). On est convenu d'un fret de soixante francs pour un voyage de la Martinique à Cadix ; lequel fret doit être porté à quatre-vingt francs, si une fois arrivé à Cadix le navire reçoit l'ordre d'aller décharger à Marseille. Une fois à Cadix, dit-on, le fret de soixante francs est acquis et on peut le faire assurer pour le cas de naufrage entre cette ville et Marseille. Emérigon dit : « cela peut bien être le sens de la déclaration de 1779, » — mais en réalité le fret devrait être considéré comme rentrant en risques.

Voici le sens que l'on donne aujourd'hui à cette clause sur la place de Marseille. L'affréteur a payé d'avance au capitaine cinq mille francs à valoir, par exemple, sur un fret de dix mille francs, avec la clause : que même en cas de naufrage, cette somme restera acquise à l'armateur,—voilà le *fret acquis*. — Le chargeur dit alors à l'assureur : si tout le chargement périt, je ne devrais pas de fret et cependant j'ai payé cinq mille francs perdus irrévocablement ; voulez-vous courir la chance de me les rembourser moyennant une prime de dix pour cent ? Si la perte est seulement partielle et que le chargeur ait à payer un supplément de fret en dehors des cinq mille francs avancés, il les précomptera et ajoutera la somme complémentaire. — Dans ce cas l'assureur garde la prime et ne doit rien, car le chargeur n'a pas perdu ce qu'il avait payé d'avance. (V. Aix, 21 mai 1869; Dalloz, 69, 2, 124).

Art. 365. — « Toute assurance faite *après* la perte ou l'arrivée des objets assurés est nulle, s'il y a présomption qu'avant la signature du contrat l'assuré a pu être informé de la perte, ou l'assureur de l'arrivée des objets assurés. »

Art. 366. — « La présomption existe si, en comptant trois quarts de myriamètres par heure, sans préjudice des autres preuves, il est établi que de l'endroit de l'arrivée ou de la perte du vaisseau, ou du lieu où la première nouvelle en est arrivée, elle a pu être portée dans le lieu où le contrat d'assurance a été passé avant la signature du contrat. »

Dans le Guidon de la mer on comptait *deux* heures pour *trois* lieues et le sinistre était réputé arrivé à midi.

Souvent dans les polices on renonce à la présomption des trois quarts de myriamètre par heure. (V. police de Marseille, art. 31). Il y a toujours, du reste, la question de fait qui domine; on peut prouver que l'assuré connaissait le sinistre bien avant l'expiration du temps fixé par la loi. Dans un procès, on soutenait qu'un négociant de Marseille avait connu, le lendemain à onze heures du matin, par le télégraphe électrique, un naufrage arrivé la veille à Constantinople. Mais dans le rayon fixé, on ne pourrait pas prouver qu'on ignorait l'événement ; c'est une de ces présomptions absolues, que les commentateurs appelaient : *juris et de jure.* (Emérigon, ch. 15, sect. 4).

Il y aurait nullité de l'assurance si le commissionnaire ignorait la perte, mais que le commettant la connût et réciproquement.

Remarquons que la loi donne à l'assureur la faculté de calculer le délai : soit du lieu de la perte, soit du lieu où la première nouvelle est arrivée et a pu être apportée au lieu où le contrat a été fait.

Art. 368. — « En cas de preuve contre l'assuré, celui-ci paie à l'assureur une *double* prime. — En cas de preuve contre l'assureur, celui-ci paie à l'assuré une somme *double* de la prime convenue. — Celui d'entre eux contre qui la preuve est faite est poursuivi correctionnellement. » [1]

On discute pour savoir si le fait délictueux doit être qualifié : filouterie ou escroquerie ? L'importance pratique consiste en ce que l'amende pour la filouterie est seulement de seize francs à cinq cents francs, tandis que pour l'escroquerie elle peut monter jusqu'à trois mille

[1] Il résulte du texte que la fraude doit être prouvée *avant* la poursuite correctionnelle, et alors l'action appartiendrait exclusivement au ministère public.

francs.—Puis la filouterie *peut* entraîner la mise sous la surveillance de la haute police, ce qui n'a pas lieu pour l'escroquerie. (V. art. 401-405 C. pénal).

La cour d'Aix n'avait pas vu une escroquerie dans le fait de provoquer l'assurance d'un navire qu'on savait perdu. (Aix, 14 mars 1857 ; Brémond , 1857, p. 65). La cour de cassation a décidé qu'il y avait manœuvre frauduleuse par cela seul qu'on présentait comme existant, un objet perdu ; on fait naître ainsi l'espoir chimérique de bénéficier de la prime. (Cassation, 10 juillet 1857 ; Dalloz, 57, 1, 379). — C'est aussi notre opinion.

DE LA RÉASSURANCE

Art. 342. — « L'assureur peut faire réassurer par d'autres, les effets qu'il a assurés. — L'assuré peut faire assurer le coût de l'assurance. — La prime de la réassurance peut être moindre ou plus forte que celle de l'assurance. »

La loi permet à l'assureur de faire passer les risques sur une autre personne , sans qu'il cesse d'être obligé personnellement envers l'assuré,

Cela aura lieu soit quand l'assureur trouvera trop

lourd l'engagement qu'il a pris, soit quand il aura de l'inquiétude sur l'objet de l'assurance, si par exemple : un navire attendu est en retard.

De son côté l'assuré peut proposer à son assureur ou à un tiers de prendre à sa charge la prime moyennant une somme payée. J'ai fait assurer des marchandises pour cinq cents francs de prime ; en cas de sinistre cette somme est perdue pour moi ; j'offre à un assureur de lui payer cinquante francs s'il veut s'engager à me rembourser la prime, — et je puis faire le même contrat pour ces cinquante francs, etc.......

Sans doute en cas d'heureuse arrivée, la prime sera très-lourde pour l'assuré ; mais s'il y a sinistre il ne perd presque rien.--Formulons la règle en chiffres.

	FR.	(A 10 °/₀)	FR.	C.
1° Marchandises assurées	5000—	1re prime payée	500	»»
2° 1re prime assurée..	500—	2e prime payée.	50	»»
3° 2me prime assurée...	50—	3e prime payée..	5	»»
4° 3me prime assurée....	5—	4e prime payée..	0	50
		Total des primes payées.........	555	50

Donc s'il y a heureuse arrivée, la prime à supporter sera de cinq cent cinquante-cinq francs cinquante centimes au lieu de cinq cents francs seulement ; mais s'il y a sinistre l'assuré rentrera dans *tout* le capital exposé.

D'après la police de Marseille (art. 31), les assurés déclarent faire tout assurer : la prime, la prime des primes et l'escompte.

M. Bédarride (*Droit maritime*, nº 1157) donne la formule pour trouver la somme à payer dans ce cas. Il faut : multiplier le capital par la prime, et diviser le produit par la différence entre la prime et cent.

Si nous l'appliquons à notre exemple ci-dessus, nous avons :

$$\frac{5000 \times 10}{90} = 555,50$$

SECTION IV

DES OBLIGATIONS DE L'ASSURÉ

A. AU MOMENT DU CONTRAT

Art. 355. — « Il sera fait désignation dans la police, des marchandises sujettes, par leur nature, à détérioration particulière ou diminution, comme blés ou sels, ou marchandises susceptibles de coulage; sinon les assureurs ne répondront point des dommages ou pertes qui pourraient arriver à ces mêmes denrées, si ce n'est toutefois que l'assuré eût ignoré la nature du chargement lors de la signature de la police. »

On ne pourrait pas établir par témoins, qu'on a prévenu *verbalement* l'assureur de la nature des marchandises. Quelquefois pour se soustraire à l'obligation résultant de l'article, on met dans la police : « En quoi que le tout consiste ou puisse consister. » Mais nous pensons que cette clause ne serait pas valable, si l'assuré savait à quoi s'en tenir ; il faut que les déclarations soient entièrement franches.

A l'occasion de ces marchandises, les assureurs stipulent ordinairement des *franchises* qui varient suivant les cas. La Police de Marseille, article 20, déclare entièrement francs d'avaries particulières, une série d'objets qu'elle énumère : fruits verts et secs..., fleurs artificielles..., glaces, verreries et verroteries, porcelaines, etc...... Dans l'article 21 elle stipule des franchises depuis trois pour cent jusqu'à quinze pour cent, suivant des catégories nominativement établies.

Art. 348. — « Toute réticence, toute fausse déclaration de la part de l'assuré, toute différence entre le contrat d'assurance et le connaissement qui *diminuerait l'opinion* du risque ou en *changerait* le sujet, annulent l'assurance. — L'assurance est nulle, même dans le cas où la réticence, la fausse déclaration ou la différence n'aurait pas influé sur le dommage ou la perte de l'objet assuré. »

Il y aurait réticence dans le fait de ne pas communiquer une lettre signalant le retard du navire dont on veut faire l'objet de l'assurance. (Rouen, 27 décembre 1848; J. du P., 50, 1, 33).

La cour d'Aix a jugé, le 17 décembre 1863, que le fait d'assurer des marchandises en *exagérant* leur qualité ou leur prix, constitue une manœuvre frauduleuse pouvant déterminer le délit d'escroquerie. (Brémond, 1864, page 186).

On opposerait au mandant les fausses déclarations, ou les réticences du mandataire.

La preuve sera faite par témoins, car non-seulement on est en matière commerciale, mais encore il s'agit d'un dol.

S'il y avait opposition entre le connaissement portant qu'on a chargé des huiles, la police mentionnant des vins, il n'y faurait pas de contrat; de même si les marques ne concordaient pas.

L'assureur seul peut invoquer l'article 348 et demander l'annulation de la police pour réticence. — Dans ce cas il n'aurait pas droit au ristourne de demi pour cent.

C'est ordinairement au moment du contrat, que l'assuré doit payer la prime, soit en argent, soit en billets —si celui qui a fait des billets tombe en faillite.

Art. 346 § 2. — « L'assureur peut demander caution ou la résolution du contrat. »

Les syndics paient ordinairement les primes, si le risque court encore, pour conserver à la masse les chances de l'assurance.

Il est évident que si l'assuré quoique *non* en faillite refuse de payer ou de régler la prime, l'assureur pourra demander la résolution de la police par application de l'article 1184 du Code civil.

Quand il y a *prime liée* pour l'aller et le retour, le montant peut être modifié pour les marchandises dans une hypothèse prévue par le législateur.

Art. 356. — « Si l'assurance a pour objet des marchandises pour l'aller et le retour, et si, le vaisseau étant parvenu à sa première destination, il ne se fait *point* de chargement en retour, ou si le chargement en retour *n'est pas complet*, l'assureur reçoit seulement les deux tiers proportionnels de la prime convenue, s'il n'y a stipulation contraire. »

Il y aura une question de fait pour savoir si le manque à charger est assez considérable pour qu'on applique en entier la réduction établie par l'article.

Le Code a encore imposé des obligations spéciales aux assurés qui sont à bord du navire.

Ainsi pour le capitaine :

Art. 344. — « En cas de perte des marchandises assurées et chargées pour le compte du capitaine, sur le vaisseau qu'il commande, le capitaine est tenu de justifier aux assureurs l'*achat* des marchandises, et d'en fournir un *connaissement* signé par deux des principaux de l'équipage. »

L'ordonnance de 1681 exigeait la signature de l'écrivain du bord et du pilote.

On comprend facilement quelle est la fraude qu'on a voulu éviter ; le capitaine aurait pu se signer à lui-même des connaissements faux.

Pour les gens de l'équipage et les passagers :

Art. 345. — « Tout homme de l'équipage et tout passager qui apportent *des pays étrangers* des marchandises assurées en France, sont tenus d'en laisser un connaissement dans les lieux où le chargement s'effectue, entre les mains du consul de France, et à défaut entre les mains d'un Français notable négociant ou du magistrat du lieu. »

Remarquons que cela ne s'applique pas aux navires chargés en France ou dans les colonies françaises, parce qu'il reste des traces du chargement par les *acquits* déposés à la Douane.

Le dépôt du connaissement doit être constaté par un procès-verbal, pour éviter les contestations et les connivences.

B. OBLIGATIONS DE L'ASSURÉ PENDANT LA DURÉE DES RISQUES

Art. 387 § 1. « — En cas d'arrêt de la part d'une puissance, l'assuré est tenu de faire la signification à l'assureur dans les *trois* jours de la réception de la nouvelle. »

C'est une sorte d'avenant afin que l'assureur puisse

faire de son côté les démarches utiles pour soulever l'obstacle apporté à la continuation du voyage.

Art. 388 § 1. — « Pendant les délais portés dans l'article précédent, les assurés sont tenus de faire toutes diligences qui peuvent dépendre d'eux, à l'effet d'obtenir main levée des effets arrêtés. »

Les assurés qui seraient restés dans l'inaction, pourraient être repoussés quand ils viendraient demander à l'assureur de les payer.

Art. 389. — « Le délaissement à titre d'innavigabilité ne peut être fait, si le navire échoué *peut* être relevé, réparé et mis en état de continuer sa route pour le lieu de sa destination. — Dans ce cas, l'assuré conserve son recours sur les assureurs, pour les frais et avaries occasionnés par l'échouement. »

Il faut donc que l'assuré travaille à relever et à réparer le navire ; s'il n'a pas fait les diligences nécessaires il sera repoussé. (Rennes, 25 novembre 1846 ; J. du P., 46, 2, 737 ; — Bordeaux, 6 mars 1857 ; Dalloz, 57, 2, 93).

En cas de prise par l'ennemi ou les pirates :

Art. 395. — « En cas de prise, si l'assuré n'a pu en donner avis à l'assureur, il peut racheter les effets sans attendre son ordre. — L'assuré est tenu de signifier la composition qu'il aura faite, aussitôt qu'il en aura les moyens. »

Art. 396. — « L'assureur a le droit de prendre la composition à son compte, ou d'y renoncer : il est tenu de notifier son choix à l'assuré dans *les vingt-quatre* heures qui suivent la signification de la composition.—S'il déclare prendre la composition à son profit, il est tenu de contribuer sans délai au paiement du rachat dans les termes de la convention et à proportion de son intérêt ; et il continue à courir les risques du voyage, conformément au contrat d'assurances. — S'il déclare renoncer au profit de la composition, il est tenu au paiement de la somme assurée, sans pouvoir rien prétendre aux effets rachetés. — Lorsque l'assureur n'a pas notifié son choix dans le délai susdit, il est censé avoir renoncé au profit de la composition. »

Il faut remarquer que le délai de vingt-quatre heures pour se prononcer est *fatal ;* l'assureur ne peut revenir sur son choix, sauf le cas de fraude.

C. OBLIGATIONS DE L'ASSURÉ APRÈS LE RISQUE RÉALISÉ

Art. 374. — « Dans le cas où le délaissement peut être fait, et dans le cas de tous autres accidents au risque des asssureurs, l'assuré est tenu de signifier à l'assureur *les avis* qu'il a reçus ; la signification doit être faite dans les *trois* jours de la réception de l'avis. »

Le délai de trois jours n'entraîne pas déchéance, car cela ne fait rien au sinistre. (Aix, 18 février 1828). —

Mais si l'on tardait par trop, on pourrait suspecter la sincérité de la déclaration.

En cas de naufrage :

Art. 381. — « En cas de naufrage ou d'échouement avec bris, l'assuré *doit*, sans préjudice du délaissement à faire en temps et lieu, travailler au recouvrement des effets naufragés. — Sur son affirmation, les frais de recouvrement lui sont alloués jusqu'à concurrence de la valeur des effets recouvrés. »

L'assuré n'est pas obligé d'avancer les fonds, si l'opération du relèvement paraît incertaine. (Bordeaux, 22 décembre 1857; Dalloz, 59, 2, 20). — Les assureurs ne doivent rembourser les frais que jusqu'à concurrence des effets sauvés, car il y a là une sorte de *negotiorum gestio*. Il en serait autrement dans le cas d'un mandat formellement donné à l'assuré.

Quand le navire a été déclaré *innavigable*, il y a une série d'obligations pour l'assuré :

Art. 390. — « Si le navire a été déclaré innavigable, l'assuré sur le chargement est tenu d'en faire la notification dans le délai de trois jours de la réception de la nouvelle. »

Art. 391. — « Le capitaine est tenu, dans ce cas, de faire toutes diligences pour se procurer un autre navire, à l'effet de transporter les marchandises au lieu de leur destination. »

Art. 392. — « L'assureur court les risques

des marchandises chargées sur un autre navire, dans le cas prévu par l'article précédent, jusqu'à leur arrivée et leur déchargement. »

Art. 393. — « L'assureur est tenu, en outre des avaries, frais de déchargement, magasinage, rembarquement, de l'excédant du fret et de tous autres frais qui auront été faits pour sauver les marchandises, jusqu'à concurrence de la somme assurée. »

Art. 394. — « Si dans les délais prescrits par l'article 387, le capitaine n'a pu trouver de navire pour recharger les marchandises et les conduire au lieu de leur destination, l'assuré peut en faire le délaissement. »

SECTION V

OBLIGATIONS DE L'ASSUREUR. DE L'ACTION D'AVARIES. — DU DÉLAISSEMENT. DU PAIEMENT.

A. OBLIGATIONS DE L'ASSUREUR

L'assureur doit indemniser l'assuré, du dommage qu'il éprouve, soit par la détérioration matérielle des objets assurés, soit par leur diminution de valeur; quand, par exemple, elles sont rapportées au lieu de chargement, le pays de destination étant fermé par un blocus effectif.

Le Code énumère les risques qui sont à la charge de l'assureur; mais remarquons que les polices contiennent souvent des modifications, surtout pour les risques de guerre. (V. Police de Marseille, art. 2).

Art. 350. — « Sont aux risques des assureurs, toutes pertes et dommages qui arrivent aux objets assurés, par tempête, naufrage, échouement, abordage fortuit, changements forcés de route, de voyage ou de vaisseau, par jet, feu, prise, pillage, arrêt par ordre de puissance, déclaration de guerre, représailles et généralement par *toutes autres fortunes de mer.* »

Dans le cas de feu, il y a quelques difficultés.—Sans doute, si l'incendie vient de la foudre, des projectiles lancés par l'ennemi, l'assureur en répond.—Mais quand il y a un incendie à bord sans qu'on puisse en déterminer nettement la cause, des personnes disent qu'il faut supposer une *faute* du capitaine ou de l'équipage, et que dès lors les assureurs n'en répondent qu'autant qu'ils ont pris à leur charge la *baraterie* du patron et de l'équipage. (V. Marseille, 8 novembre 1858; Clariond, 59, 1, 329.—Add. Pouget, tome 1, page 96).

D'autres auteurs pensent que le feu doit toujours être présumé *fatal* et mis à la charge de l'assureur, à moins qu'il ne prouve qu'il y a eu faute du capitaine. (Dalloz, répertoire, v° *Droit maritime*, n° 1859). — Emérigon disait : « Si les gens ou partie des gens du navire brûlé se sauvent, ils doivent faire leur consulat et exposer la *cause* de l'incendie.

» Mais si personne ne survit, l'accident sera présumé fatal ou du moins n'être pas arrivé par la faute du maître ou des mariniers. » (Chap. XII, sect. 17). — (Conf. Bédarride, *Droit maritime*, n° 1247).

Il y a certains faits dont l'assureur ne répond pas :

Art. 351. — « Tout changement de route, de voyage ou de vaisseau et toutes pertes et dommage provenant du fait de l'assuré, ne sont point à la charge de l'assureur ; et même la prime lui est acquise s'il a commencé à courir les risques. »

Il est certain que ces faits ne présentent rien de commun avec l'*alea* que l'assureur a pu prévoir. Il y aura souvent sur ces points des questions de fait très-délicates.

Art. 352. — « Les déchets, diminutions et pertes qui arrivent par le *vice propre* de la chose, et les dommages causés par le fait et faute des propriétaires, affréteurs ou chargeurs, ne sont point à la charge des assureurs. »

Le vice est propre à la chose, quand c'est une conséquence de sa nature ; ainsi des soies se piquent, de l'huile rancit, de la morue se gâte pendant la traversée ; des animaux chargés à bord, des mulets par exemple, meurent de mort naturelle ; l'assureur ne répond pas de tous ces accidents, à moins d'une convention tout à fait formelle. (Rouen, 9 février 1847; Paris, 21 juillet 1848; J. du P., 48, 2, 691).—Mais l'assureur répondrait du mouillage des marchandises par accident de mer; de la rupture des caisses arrivées par un choc pendant la tempête. On a même décidé que dans le cas où la chaleur de la cale amènerait la fermentation des vins chargés et un coulage qui avarierait d'autres marchandises, on devrait considérer cela comme rentrant dans les fortunes de mer. (Cassation, 28 juillet 1869; Dalloz, 69, 1, 496).

Art. 353. — « L'assureur n'est point tenu des prévarications et fautes du capitaine et de l'équipage connues sous le nom de *baraterie de patron*, s'il n'y a convention contraire. »

« *Baraterie*, dit Emérigon, est un mot barbare inconnu à l'Antiquité. — Pasquier dit que ce mot dérive de *barat*, qui signifiait tromperie, fourbe, mensonge.

Par baraterie on entend communément le crime dont un capitaine se rend coupable en prévariquant dans son état.—Ainsi toute faute dans laquelle un capitaine tombe, n'est pas baraterie si elle n'est accompagnée de dol et de fraude.

Cependant, parmi nous, le mot baraterie comprend le cas de simple faute, tout comme celui de dol.

Il est donc permis de dire avec Valin et Pothier, que: ces termes de baraterie du patron comprennent toutes les espèces, tant de dol que de simple imprudence, défaut de soins et impéritie, tant du patron que des gens de l'équipage. » (Émérigon, chap. 12, sect. 3).

Il est passé en usage, dans les polices, que les assureurs prennent à leur charge la baraterie de patron. (V. Marseille, art. 1). —Alors ils répondent même de l'abordage imputé à la faute du capitaine. (Cassation, 23 décembre 1857 ; Dalloz, 58, 1, 61). —Mais si le capitaine qui commande est en même temps propriétaire du navire, cette clause est impossible, car on ne peut pas convenir que l'on fera supporter par un tiers les conséquences de sa faute personnelle. Alors la police pourra très-bien prévoir la baraterie de l'équipage.

Art. 354. — « L'assureur n'est point tenu du pilotage, tonage et lamanage, ni d'aucune espèce de droits imposés sur le navire et les marchandises. »

Ce sont là en effet des dépenses ordinaires que l'on doit prévoir dans chaque armement ; mais il en serait autrement si elles étaient occasionnées par des relâches forcées dont répondrait l'assureur.

Art. 364. — « L'assureur est déchargé des risques, et la prime lui est acquise si l'assuré envoie le vaisseau en un lieu *plus éloigné* que celui qui est désigné par le contrat, quoique sur la même route. — L'assurance a son entier effet si le voyage est raccourci. »

On regarde le prolongement du voyage comme un déroutement qui annule le contrat. Pour que le raccourcissement du voyage ne produise pas le même effet, il faut que le port où l'on s'arrête soit sur la ligne des risques. Ainsi un navire allant du Hâvre à Bordeaux, pourra s'arrêter à la Rochelle. — S'il entrait dans la Loire pour venir à Nantes, il y aurait déroutement.

Des auteurs vont jusqu'à exiger que la police donne au capitaine le droit de faire échelle dans le port où il s'arrête. (Bédarride, n° 1375). Cette opinion nous paraît trop sévère et en dehors tant du texte que de l'esprit de la loi.

L'assureur n'est obligé qu'autant que la police correspond à une valeur en risques. Si donc il y a *plusieurs* assurances et que les *premières* couvrent la marchandise, les autres étant inutiles sont *ristournées.*

Art. 359. — « S'il existe plusieurs contrats d'assurance faits *sans fraude*, sur le même chargement, et que le premier contrat assure l'entière valeur des effets chargés, il subsistera seul. — Les assureurs qui ont signé les contrats subséquents sont libérés; ils ne reçoivent que *demi pour cent* de la somme assurée. Si l'entière valeur des effets chargés n'est pas assurée par le premier contrat, les assureurs qui ont signé les contrats subséquents répondent de l'excédant en suivant l'ordre de la date des contrats. »

Cette libération des assureurs subséquents est appelée: **ristourne.** On leur paie la somme de demi pour cent, comme indemnité de la peine prise pour faire la police.

Les obligations de l'assureur finissent : soit avec les

risques, soit avec le temps convenu, soit par ristourne ou résolution du contrat. (V. art. 341, 346 § 1, 363 C. com.).

B. DE L'ACTION D'AVARIES

Quand les risques sont réalisés on a, dans *tous* les cas, contre l'assureur : *l'action d'avaries,* — c'est l'action fondamentale de l'assurance à prime. Le délaissement, dont nous nous occuperons bientôt, n'est qu'une alternative laissée à l'assuré qui peut y renoncer d'avance dans la police par une déclaration expresse, ou qui l'abandonne tacitement en commencant par intenter l'action d'avaries. Alors on applique l'adage : *Una via electa ad alteram non recuritur.* On peut même en appel, après avoir succombé en première instance sur une demande en délaissement, revenir à l'action d'avaries. (Cassation, 22 juin 1847; J. du P., 47, 2, 189; — Paris, 18 mars 1855; Dalloz, 1856, 2, 236; — Add. Bédarride, n° 1627).

En principe, quand on parle d'avaries on suppose qu'il reste quelque chose de l'objet assuré. (V. Guidon de la mer, chap. 7, art. 1 à 4). — Mais dans le langage des assurances, on applique cette expression même quand il y a perte totale. (Cassation, 15 mai 1854; Dalloz, 55, 1, 316.

Le Code de commerce après avoir énuméré les cas de délaissement, ajoute :

Art. 371. — « Tous autres dommages sont réputés *avaries*, et se règlent, entre les assureurs et les assurés, à raison de leurs intérêts. »

Du reste on ne peut intenter l'action d'avaries, que si le dommage a une certaine importance déterminée par la loi ou par la convention.

Par la loi :

Art. 408. — « Une demande pour avaries n'est point recevable, si l'avarie commune n'excède pas *un pour cent* de la valeur cumulée du navire et des marchandises, et si l'avarie particulière n'excède pas aussi *un pour cent* de la valeur de la chose endommagée. »

On entend par avaries *grosses*, ou *communes*, les dommages soufferts volontairement, venant du fait de l'équipage, et les dépenses supportées pour le bien et salut commun du navire et des marchandises. Ordinairement ces actes ne sont accomplis qu'après délibération du capitaine et des principaux de l'équipage.

Ainsi dans une tempête, le navire étant engagé, on coupe la mâture pour qu'il puisse se relever ; ainsi on largue les écoutes d'une voile qu'on ne peut pas serrer à cause du mauvais temps et le vent la met en pièces, etc..... (V. art. 400 C. com.).

On entend par avaries *simples* ou *particulières* les dommages fortuits qui résultent des accidents de mer, ou les dépenses faites soit dans l'intérêt du navire seul, soit uniquement pour les marchandises. (V. art. 403, C. com.).

Les avaries grosses sont supportées par les marchandises et par la *moitié* du navire et du fret, au marc le franc de la valeur. (Art. 401 C. com.).—Cette règle avait été adoptée en Hollande au XVIe siècle, et notre législation se l'est appropriée.[1]

Les avaries simples sont supportées par l'objet qui a souffert le dommage. (Art. 404 C. com.).

La règle établie dans l'article 408 a pour but d'éviter, que les assurés ne fassent des procès à l'occasion de pertes minimes; mais elle peut avoir des conséquences très-dures dans certains cas. Ainsi j'ai à bord pour quatre mille francs de marchandises, on les jette à la mer pour le salut commun; si le navire et la cargaison valent, par exemple, un million à eux deux, je ne puis rien réclamer aux assureurs, car ma perte, bien que totale, ne monte pas à un pour cent des deux valeurs cumulées. (V. Bédarride, n° 1784).

Par la convention :

Souvent les assureurs stipulent des franchises de cinq, dix, quinze pour cent, et il faut alors suivre les conventions des parties. Quelquefois on va plus loin et on insère dans la police la clause de **franc d'avaries.**

[1] Le Consulat de la mer disait : la demie du navire.— Les Rooles d'Oléron et le Guidon de la mer permettaient de faire contribuer, avec les marchandises, *soit* le navire, *soit* le fret. — L'ordonnance de 1681 indiquait le navire et ne parlait point du fret.

Art. 409. — « La clause *franc d'avaries* affranchit les assureurs de toutes avaries soit communes soit particulières, excepté dans les cas qui donnent ouverture au délaissement ; et, dans ces cas, les assurés ont l'option entre le délaissement et l'exercice d'action d'avarie. »

Cette clause est d'origine Marseillaise ; Valin ne voulait pas l'admettre, parce qu'alors l'assureur ne répond que des cas de délaissement.

Il faut remarquer la fin de l'article donnant l'option à l'assuré entre les deux actions.— L'action d'avarie est souvent plus avantageuse, parce qu'elle n'est point soumise aux mêmes rigueurs que l'action en délaissement, et surtout parce qu'elle est possible pendant *cinq ans*, — tandis que l'autre est soumise à des délais bien plus courts.

Quand il s'agit de calculer les sommes dues à la suite des avaries, il faut faire certaines distinctions à l'occasion desquelles il s'est élevé des difficultés sérieuses.

D'abord — pour le *navire* : s'il périt en totalité, l'assureur doit la valeur portée dans la police, pourvu qu'il n'y ait pas eu exagération.

Si il y a eu avaries partielles à la coque, les assureurs paient la somme nécessaire pour les réparations.

Pour les avaries aux agrès et apparaux, le principe est le même ; mais dans la pratique on y déroge en ce que les assureurs déduisent ordinairement *un tiers* pour la différence du neuf au vieux. Ainsi un jeu de voiles a été emporté par un grain ; pour le remplacer il faut payer quinze mille francs, les assureurs en laissent cinq mille à la charge de l'assuré, parce que ses voiles, peut-être très-usées, sont remplacées par des voiles neuves. Cette réduction ne peut être faite qu'autant qu'il y a dans la police une clause formelle; il ne suffirait pas d'invoquer *l'usage* général des assureurs. (Douai, 9 novembre 1847; Rouen, 2 février 1849; J. du P., 48, 1, 132; 50, 1, 676; —Aix, 21 janvier 1857; Dalloz, 57, 2, 62). — D'après la Police de Marseille (article 16) : « tous remplacements, fournitures..... supportent une réduction d'un tiers sur leur coût brut justifié. » Cette réduction n'a pas lieu pour les ancres, et elle n'est que de quinze pour cent, pour les chaînes ou cables en fer.

Lorsque les avaries portent sur les *marchandises*, il y a aussi à distinguer la perte totale et la perte partielle.

Pour la première, le règlement est facile; on paie la somme portée dans la police, toujours sauf exagération prouvée.

Mais en ce qui touche les avaries partielles, il y a eu et il y a encore des discussions fort animées.

Rappelons d'abord le principe que l'assuré ne doit jamais *gagner* sur l'assurance, et que l'assureur obligé de payer devra faire son calcul sur la valeur des marchandises au lieu du *départ*, en y ajoutant les dépenses faites jusqu'à la mise à bord; mais rien de plus.

Or comment faut-il s'y prendre pour déterminer le quantum à payer?

Jusqu'en 1821, on procédait, à Marseille, par *différence*. On constatait par expertise ou par vente aux enchères la différence de produit entre la marchandise saine et la marchandise avariée.

On disait: les sucres à l'état sain auraient donné trente mille frans, à l'état d'avaries ils ont produit vingt mille francs, donc les assureurs doivent payer dix mille francs. Ce système était essentiellement faux, puisqu'il se basait sur la valeur au lieu *d'arrivée*, ce qui faisait supporter à l'assureur une partie du fret, des droits de douane et du coût du déchargement.

A ce système on substitua le calcul par *quotité* qui consiste à dire : la marchandise à l'état sain vaudrait cent francs, à l'état d'avaries elle ne représente que soixante francs ; il y a donc une perte de *deux cinquièmes.* —Cela est plus rationnel, mais la difficulté se présente quand on veut établir le chiffre de la quotité ; que doit payer l'assureur ?

Des auteurs et des tribunaux disaient : il faut faire le calcul au *net.* C'est-à-dire qu'avant d'étabir la quotité, on devait commencer par déduire du produit de la vente à l'état d'avarie les frais faits depuis le chargement, comme le fret, les droits de douane, etc.

Ainsi pour prendre un exemple rapporté dans un procès : on raisonnait sur une marchandise valant à l'état sain 53,048 fr. 67 c., et pour laquelle : le fret, le débarquement et la douane représentaient 12,319 fr. 72 c., à l'état d'avarie elle avait produit 36,127 fr. 52 c. Il fallait donc dire en déduisant les frais : la somme produite par la marchandise avariée n'est en réalité que 23,807 fr. 80 c., et c'est sur cette somme qu'on aura à baser le calcul de l'indemnité à payer par proportion.

Aujourd'hui on est généralement d'accord pour repousser ce calcul, qui présente certains inconvénients, et on fait simplement le calcul au *brut* en disant : la marchandise vendue à l'état sain vaudrait. .. 53,048 f. 67 c.
à l'état d'avarie elle vaut. 36,127 52

la différence est de. 16,921 15

soit pour le calcul de la quotité 31 °/₀.

Et alors se rapportant à la police qui contient l'évaluation au lieu du départ, l'assureur doit offrir à l'assuré trente et un pour cent de la somme portée dans la police. — Ainsi la marchandise évaluée à l'état sain 53,048 fr. 67 c. au lieu d'*arrivée*, avait été évaluée dans la police au lieu du *départ* 42,600 fr.; l'assureur devait comme indemnité 13,206 fr.

On formule la règle en disant : « La quotité du dommage que le règlement d'avarie a pour objet de mettre à la charge de l'assureur, se détermine par la comparaison au *brut* entre la valeur de la marchandise en état sain, et sa valeur en état d'avarie d'après le cours du lieu d'arrivée. (Voir Aix, 3 juin 1846; J. du P., 1846, 2, 324, réformant un jugement de Marseille qui avait fait le calcul au *net*).

Aujourd'hui la question ne peut plus se soulever à Marseille, car la Police imprimée de la place porte, article 23 § 2 : « La quotité des avaries particulières sur marchandises est déterminée par la composition de la valeur **au brut** qu'aurait eue la marchandise en état sain au jour de l'estimation ou de la vente, avec la valeur au brut de la partie avariée, estimée par experts ou constatée par la vente aux enchères publiques, sans aucune déduction de droits, fret ou autre frais. »

Avant 1850, il y a eu un moment où les assureurs de Marseille, se défiant des experts et de leurs évaluations souvent contradictoires, exigeaient la vente aux enchères des marchandises avariées. — Du reste c'est ce qui se réalise le plus souvent dans la pratique pour éviter les contestations, mais ce n'est plus une nécessité.

Que faut-il décider quand il y a perte partielle sur un assortiment ? Ainsi j'envoie un attelage appareillé, à Calcutta, et je fais assurer les deux chevaux pour la somme de 10,000 fr. — Pendant la traversée, l'un de ces animaux est tué par suite du désarrimage dans une tempête. Sans doute les assureurs sont tenus, mais pour quelle somme ? Des auteurs pensent qu'ils auront à payer seulement la valeur *individuelle* du cheval, 3,000 fr. par exemple.—Nous ne pouvons partager cette opinion. —La valeur assurée, résultant de l'appareillage des deux chevaux, existait réellement au jour du contrat ; si après la mort de l'un d'eux, je ne puis vendre l'autre, au lieu d'arrivée, que 3,000 fr., j'ai perdu en réalité 7,000 fr. que j'aurais pu réaliser au lieu de l'embarquement ; ou du moins il y aura à faire le calcul par quotité, comme nous l'avons indiqué plus haut.

Souvent on fait des embarquements de marchandises par séries ; ainsi je mets à bord d'un navire cent balles de sucre; je puis, pour faciliter les calculs des avaries, les diviser en cinq séries de un à vingt. — A Marseille, chaque série doit valoir au moins *deux mille* francs. S'il y a des dommages advenus par fortune de mer, on fera le calcul sur chaque série séparément sans se préoccuper des autres, « chaque série formant toujours un capital distinct et séparé, comme s'il y avait autant de polices que de séries. » (Police de Marseille).

C. DU DÉLAISSEMENT

Le délaissement est l'abandon fait par l'assuré à l'assureur, de la propriété des objets mis en risques, à la charge de payer le montant de l'assurance. (Cassation, 8 décembre 1852; Dalloz, 53, 1, 15.—Emérigon, ch. 17, sect. 6).

Puisque le délaissement transfère la propriété, il ne peut être fait que par le propriétaire ou son mandataire spécial. — Le capitaine qui ne serait pas porteur d'un mandat *ad hoc* ne pourrait pas délaisser; mais il vendrait le navire ou les marchandises avariées pour le compte de qui il appartiendrait. (Cassation, 15 mai 1854; Dalloz, 54, 1, 162).

Art. 385. — « Le délaissement signifié et accepté ou jugé valable, les effets assurés *appartiennent* à l'assureur, à partir de l'époque du délaissement. — L'assureur ne peut, sous prétexte du retour du navire, se dispenser de payer la somme assurée. »

Après le délaissement, toutes les chances sont pour l'assureur. Si, par exemple, on paie des indemnités pour les navires pris à tort par des étrangers, c'est l'assureur qui en profite.

Notons cependant que si l'assuré est étranger, le délaissement ne donne pas à l'assureur Français les priviléges de l'article 14 du Code civil, et qu'il ne pourrait pas forcer ses adversaires à venir plaider devant un tribunal de France. (Aix, 30 décembre 1869 ; Brémond, 1870, page 78).

La loi a prévu un cas assez fréquent ; après un délaissement amené par un cas d'innavigabilité relative, le navire a été renfloué et est entré au port après des réparations très-peu coûteuses ; l'assureur ne peut pas demander la nullité du délaissement, c'est un fait accompli. (Marseille, 14 avril 1859 ; Clariond, 59, 1, 169). Nous avons déjà dit qu'on pourrait renoncer au délaissement, pour s'en tenir à l'action d'avaries. (Cassation, 7 janvier 1857). — Le délaissement doit être *pur* et *simple*.

Art. 372. — « Le délaissement des objets assurés ne peut être partiel, ni conditionnel. Il ne s'étend qu'aux effets qui sont l'objet de l'assurance et du risque. »

Pour le délaissement partiel, il faut rappeler que si l'assurance a été faite par *séries*, on peut délaisser les unes et conserver les autres, puisqu'on les considère comme formant des polices distinctes.

Le délaissement est un acte de *droit strict*, qui doit être fait dans certains délais fixés par la loi, sans cela il y a : **déchéance** et on ne peut plus employer que l'action d'avarie, si l'on est encore dans les cinq ans de la date de la police.

Art. 370. — « Le délaissement ne peut être fait *avant* le voyage commencé. » Cela se comprend puisque les risques n'ont pas encore existé ; il y aurait tout au plus lieu à *ristourne*.

Art. 373. — « Le délaissement doit être fait aux assureurs dans le terme de **six** *mois*, à partir du jour de la réception de la nouvelle de la perte arrivée aux ports ou côtes de l'Europe, ou sur celles d'Asie et d'Afrique, dans la Méditerranée, ou bien, en cas de *prise*, de la réception de celle de la conduite du navire dans l'un des ports ou lieux situés aux côtes ci-dessus mentionnées ; — dans le délai d'**un** *an* après la réception de la nouvelle ou de la perte arrivée, ou de la prise conduite en Afrique en deçà du cap de Bonne-Espérance, ou en Amérique en deçà du cap Horn ; — dans le délai de **dix-huit** *mois* après la nouvelle des pertes arrivées ou des prises conduites dans toutes les autres parties du monde : ***et ces délais passés les assurés ne seront plus recevables a faire le délaissement.*** »

Voilà donc la déchéance bien clairement établie en cas de retard. Il faut non-seulement signifier aux assureurs, dans le délai fixé, mais en outre on doit les assigner en validité.

On considère, dans la pratique, la notoriété de la perte, comme équivalent à une nouvelle reçue directement.

Art. 374. — « Dans le cas où le délaissement peut être fait, et dans le cas de tous les autres accidents au risque des assureurs, l'assuré est tenu de signifier à l'assureur les avis reçus. — La signification doit être faite dans les *trois* jours de la réception de l'avis. »

Ce délai n'entraîne pas déchéance, la loi ne l'ayant point dit. Quant à la signification, elle doit être faite par huissier.

Art. 378. — « L'assuré peut, par la signification mentionnée en l'article 374, ou faire le délaissement avec sommation à l'assureur de payer la somme assurée dans le délai fixé par le contrat, ou se réserver de faire le délaissement dans les délais fixés par la loi. »

Si au lieu du naufrage ou de la prise il y a eu *arrêt* de la part d'une puissance, les délais sont différents.

Art. 387 § 2. — « Le délaissement des objets arrêtés ne peut être fait qu'après un délai de *six mois* de la signification, si l'arrêt a eu lieu dans les mers d'Europe, dans la Méditerranée ou dans la Baltique ; — Qu'après le délai d'*un an*, si l'arrêt a eu lieu en pays plus éloignés. — Ces délais ne courent que du jour de la signification de l'arrêt. — Dans le cas où les marchandises arrêtées seraient *périssables*, les délais ci-dessus mentionnés sont réduits à *un mois et demi* pour le premier cas, et à *trois mois* pour le second cas. »

Ces délais se cumulent avec ceux de l'article 373.

En faisant le délaissement, l'assuré doit y ajouter certaines déclarations ayant pour objet de mettre l'assureur à même de se rendre bien compte de sa situation, et de voir s'il n'y a pas lieu à ristourne ou à annulation de la police.

Art. 379. — « L'assuré est tenu, en faisant le délaissement, de déclarer toutes les assurances qu'il a faites ou fait faire, même celles qu'il a ordonnées, et l'argent qu'il a pris à la grosse soit sur le navire soit sur les marchandises; faute de quoi, le délai du paiement qui doit commencer à courir du jour du délaissement, sera suspendu jusqu'au jour où il fera notifier ladite déclaration, sans qu'il en résulte aucune prorogation du délai établi pour former l'action en délaissement. »

Art. 380. — « En cas de déclaration frauduleuse, l'assuré est privé des effets de l'assurance; il est tenu de payer les sommes empruntées, nonobstant la perte ou la prise du navire. »

Le législateur a déterminé par une énumération *restrictive*, les cas où le délaissement est possible.

Il y a d'abord une première série de faits dont la réalisation donne lieu au délaissement, sans que l'on se préoccupe du montant de la perte éprouvée; parce qu'alors on considère le voyage comme rompu, le navire ne pouvant plus naviguer. Puis en dehors de cette énumération, la loi permet le délaissement, quand l'avarie arrivée au navire ou aux marchandises monte au moins aux **trois quarts** de la valeur des objets assurés.

Art. 369. — « Le délaissement des objets assurés peut être fait :

» En cas de prise,

» De naufrage,

» D'échouement avec *bris*,

» D'innavigabilité par fortune de mer,

» En cas d'arrêt d'une puissance étrangère,

» En cas de perte ou détérioration des effets assurés, si la détérioration ou la perte va au moins à *trois quarts*,[1]

» Il peut être fait, en cas d'arrêt de la part du Gouvernement, après le voyage commencé. »

Le cas de naufrage donne lieu au délaissement, même quand on sauve plus des trois quarts de la marchandise parce que le voyage est rompu.—Mais on pourrait renoncer à ce droit par une convention formelle. (Voir cassation, 20 janvier 1869 ; Dalloz, 69, 1, 361).

Le tribunal qui valide le délaissement doit en indiquer les causes. (Caen, 7 février 1859 ; Dalloz, 59, 2, 109).

On a fait quelques observations à l'occasion des cas énumérés par l'article 369.

[1] Le Guidon de la mer (chap. 7, art. 1) exigeait seulement la perte de la moitié.

Pour l'échouement avec bris, il faut que le dommage éprouvé ait une gravité suffisante pour arrêter le navire.

Quant à l'innavigabilité par fortune de mer, on présume qu'il y a eu cas fortuit si le navire a été visité avant le départ, sinon on obligera l'assuré à faire la preuve que le sinistre ne vient pas du vice propre. Il faut remarquer que la déclaration d'innavigabilité faite à l'étranger, par le consul ou le juge du lieu, ne lie pas les tribunaux français.

En ce qui touche le **navire**, pour savoir s'il y a perte des *trois quarts*, on compare la somme assurée avec celle qu'il faudrait employer pour réparer le navire et le mettre en état de prendre la mer. On fait le calcul au lieu où les réparations doivent être faites et non au lieu de l'assurance.—On y comprend le profit maritime demandé par celui qui prête l'argent pour faire les réparations. (Cassation, 19 décembre 1849; J. du P., 50, 1, 600; —Paris, 24 mai 1853; Dalloz, 54, tab. col. 49).—Enfin notons qu'il y a lieu à délaissement si on ne trouve point à emprunter d'argent, et que le navire ne puisse pas naviguer sans réparations; par exemple : il y a une voie d'eau qui serait aveuglée avec une dépense de trois ou quatre mille francs à peine, mais le capitaine est dans l'impossibité de se procurer cette somme, on fait alors le délaissement.

Tout cela constitue ce qu'on appelle : *l'innavigabilité relative*; on dit qu'elle a lieu : 1° s'il faut dépenser une valeur égale ou supérieure à celle du navire; 2°

quand on ne trouve pas d'argent. (Cassation, 22 mars 1864; Dalloz, 64, 1, 412); 3° quand il n'y a sur les lieux ni les ouvriers, ni les matériaux nécessaires pour les réparations; 4° si les travaux à faire demandent un temps considérable, car alors on considère le voyage comme rompu.

Quant aux **marchandises**, on calculera la perte des trois quarts en comparant leur valeur actuelle, au lieu de l'assurance, avec celle qui est portée dans la police; ce qui s'établit par expertise. S'il y a eu sauvetage des colis sur une côte déserte et qu'il faille les abandonner, il y a lieu à délaissement. (Cassation, 20 décembre 1850; J. du P., 50, 2, 54).

Art. 386. — « Le fret des marchandises sauvées, quand même il aurait été payé d'avance, fait partie du délaissement du navire, et appartient également à l'assureur, sans préjudice des droits des prêteurs à la grosse et des matelots pour leur loyer, et des frais et dépenses pendant le voyage. »

Le fret fait partie du délaissement, car le navire peut apporter les marchandises sauves, et avoir de telles avaries que la perte dépasse les trois quarts. Mais cela ne s'appliquerait pas au fret acquis pour les marchandises débarquées dans les échelles, avant le sinistre. On doit délaisser également les sommes payées par les passagers pour leur transport. (Rouen, 22 janvier 1852; Dalloz, 53, 2, 61).

On ne pourrait point faire de convention dérogeant à l'article 386, car alors l'assuré ferait un bénéfice.

Art. 389. — « Le délaissement à titre d'innavigabilité ne peut être fait, si le navire échoué peut être relevé, réparé et mis en état de continuer sa route pour le lieu de sa destination. — Dans ce cas l'assuré conserve son recours contre les assureurs pour les frais et avaries occasionnés par l'échouement. »

Il résulte de cette fin d'article que si l'assuré est sur les lieux et qu'il ait de l'argent disponible, il doit faire l'avance des frais, sans cela il ne pourrait pas invoquer l'innavigabilité relative. Il y aura évidemment une question de fait à examiner.

Il y a enfin un dernier cas de délaissement, déjà connu dans l'ancien droit; c'est quand on reste un certain laps de temps sans avoir de nouvelles du navire, alors on le présume perdu.

Le Guidon de la mer (titre 8, art. 12) permettait de délaisser, si on était resté sans nouvelles pendant *an et jour* pour les voyages au cabotage, et pendant *dix-huit mois* pour les voyages au long cours.

L'ordonnance de 1681 (liv. 3, tit. 6, art. 58) avait adopté les délais d'*un* an et de *deux* ans.

Le Code de commerce distingue également.

Art. 375. — « Si après *six* mois expirés à compter du jour du départ du navire, ou du jour auquel *se rapportent* les dernières nouvelles reçues pour les voyages ordinaires, — après *un* an pour les voyages de long cours, — l'assuré *déclare* n'avoir reçu aucune nouvelle de son navire, il peut faire le délaissement à l'assureur, et demander le paiement de l'assurance, sans qu'il soit besoin d'attestation de la perte. — Après l'expiration des *six mois* ou de l'*an*, l'assuré a, pour agir, les délais établis par l'article 373. »

Avant la loi du 3 mai 1862, ces délais étaient le *double* plus longs.

Remarquons que le calcul part, non de la *réception* des dernières nouvelles, mais bien du jour auquel elles se *rapportent*, — car le navire a bien pu périr pendant le temps qu'il a fallu aux lettres pour arriver entre les mains de l'assuré. Il suffit de la simple déclaration de l'assuré.

Art. 376. — « Dans le cas d'une assurance pour temps limité, après l'expiration des délais établis, comme ci-dessus, pour les voyages ordinaires et pour ceux de long cours, la perte du navire est présumée arrivée dans le temps de l'assurance. »

Pour éviter les contestations, la loi du 14 juin 1854, modifiant l'ancien article du Code de commerce, a fixé les limites des deux espèces de voyages.

Art. 377. — « Sont réputés voyages de long cours, ceux qui se font au delà des limites ci-après déterminées :

AU SUD, le 30e degré de latitude nord. (Cela répond aux îles Canaries) ;

AU NORD, le 72e degré de latitude nord. (Cela répond à l'Islande) ;

A L'OUEST, le 15e degré de longitude du méridien de Paris. (Cela répond à l'Irlande) ;

A L'EST, le 44e degré de longitude du méridien de Paris. (Cela répond à la mer Blanche, la mer Caspienne et l'extrémité de la mer Méditerranée.

D. DU PAIEMENT A EFFECTUER PAR L'ASSURÉ.

Art. 382. — « Si l'époque du paiement n'est point fixée par le contrat, l'assureur est tenu de payer l'assurance *trois mois* après la signification du délaissement. »

Le Guidon de la mer donnait deux mois ; l'intérêt ne court point pendant ce délai qui est accordé à l'assureur pour faire les vérifications qui l'intéressent.

Ce délai ne serait pas applicable au cas où il y a simplement *action d'avaries* ; l'assureur doit payer dès que le règlement est achevé et jugé bien fait, s'il y a contestation.

Dans toutes les circonstances où l'assureur est tenu de payer, il faut que l'assuré fasse certaines justifications :

Art. 383. — « Les actes justificatifs du chargement et de la perte sont signifiés à l'assureur, avant qu'il puisse être poursuivi pour le paiement des sommes assurées. »

C'est ce que l'on appelle dans la pratique : faire la preuve : *du chargé*.

Si les papiers de bord ont été perdus, on prouve le chargement comme l'on peut. (Marseille, 21 février 1859 ; Clariond, 59, 1, 126 ;—Cassation, 8 décembre 1852 ; Dalloz, 53, 1, 15).

Peut-on convenir que l'assuré sera dispensé de faire aucune justification ? Dans la pratique cela se présente souvent ; ainsi le réassureur promet de payer sur simple quittance du premier assuré ; ainsi le capitaine fait assurer pour une certaine somme ses hardes, ses armes, ses instruments, en convenant qu'il n'aura pas de justifications à faire. La cour de Rouen a validé ce contrat. (Rouen, 21 août 1867 ; Dalloz, 1868, 2, 199). — M. Bédarride pense, avec Valin, que cette clause serait nulle comme autorisant le prétendu assuré à ne rien charger. Mais nous pensons, avec Emérigon (chapit. 11, sect. 8), que l'assureur peut très-bien s'en tenir à la parole de l'assuré ; la fraude ne se présume pas, et si elle se réalisait l'assureur pourrait l'établir par tous les moyens possibles.

Quand les polices sont au porteur, l'assureur doit payer, sans exiger les pièces justificatives de propriété, ce serait à lui à prouver que le demandeur est sans droit. (Marseille, 11 juillet 1861 ; Clariond, 1861, 1, page 233).

Art. 384. — « L'assureur est admis à la preuve des faits contraires à ceux qui sont consignés dans les attestations.—L'admission à la preuve ne suspend pas les condamnations de l'assureur au paiement provisoire de la somme assurée, à la charge par l'assuré de donner caution.—L'engagement de la caution est éteint par *quatre* années révolues, s'il n'y a pas eu de poursuite. »

Des auteurs pensent que le juge pourrait, cependant, dispenser l'assureur du paiement provisoire s'il y avait de graves présomptions de fraude.

SECTION VI

DU RISTOURNE — FIN DE L'ASSURANCE

Le *ristourne* ou *ressortiment* est l'annulation totale ou partielle de l'assurance, quand l'objet assuré n'est pas mis en risques pour l'assureur.

A Marseille, dit Emérigon, on se servait du mot : *stourny* venant de l'italien *storno*. Lorsque le risque, dont les assureurs s'étaient chargés, s'évanouit avant que de naître, il s'opère une sorte de contreposition ou *restorne* du risque, *storno del rischio*, d'où l'on a composé le mot : *ristourne*.

Le Guidon de la mer appelait cet évènement : *ressortiment*. (Emérigon, chapit. 16, pr.). D'après cet auteur, les Italiens n'admettaient le ristourne que s'il y avait eu empêchement par force majeure de mettre les objets en risques ; mais si cela venait du fait même, de la volonté de l'assureur, il devait payer la prime, et il lui était interdit de la répéter si le paiement avait eu lieu. (Voir les textes cités par Emérigon).

Mais dans le Nord, à Amsterdam, par exemple, on suivait une règle contraire : « Quelqu'un s'étant fait assurer sur quelques marchandises et delà à quelque temps *il se ravise* et ne les envoie pas, et de fait il ne les charge ou ne les envoie point..... Lors il est permis à l'assuré de répéter contre l'assureur le surplus du prix de l'assurance, en donnant toutefois à l'assureur *demi pour cent*. »

Cette décision a passé dans l'ordonnance de 1681, tant pour les navires que pour les marchandises. Pothier disait : « De là il suit que lorsqu'un armateur a fait assurer son vaisseau pour un certain voyage, si le voyage a été entièrement rompu avant le départ du vaisseau, *quoique par le fait de l'assuré*, la prime ne sera pas due aux assureurs. — Ils n'ont en ce cas couru aucuns risques.

Nous retrouvons la même doctrine dans notre Code de commerce :

1er CAS. — *Rupture du voyage*.

Art. 349. — « Si le voyage est rompu avant

le départ du vaisseau, même par le fait de l'assureur, l'assurance est annulée; l'assureur reçoit à titre d'indemnité *demi pour cent* de la somme assurée. »[1]

On donne l'indemnité de demi pour cent, afin de payer, dit-on, la peine que les assureurs ont eue de faire la police. Nous ne croyons pas que l'on puisse appliquer ici le privilége accordé à la prime dans l'article 191 § 10, —les priviléges étant des faveurs exceptionnelles qu'on ne peut invoquer que dans les cas spécialement prévus par la loi.

Emérigon pensait que le demi pour cent était dû, même quand le voyage était rompu par fait du prince ou incendie du navire,—*le droit de signature* étant acquis dès que le contrat était parfait. Nous sommes entièrement de cet avis.

Le ristourne n'est plus possible dès que les risques ont couru; s'il est convenu, par exemple, que le navire sera aux risques des assureurs, dès que le chargement aura été commencé, la prime serait due quand même il prendrait fantaisie à l'assuré de rompre le voyage pendant le chargement.

2e CAS. — *Exagération dans les évaluations.*

Art. 358. — « S'il n'y a ni dol ni fraude le contrat est valable jusqu'à concurrence de la valeur des

[1] Il est possible que l'assuré reçoive de mauvaises nouvelles du lieu où il voulait expédier le navire; ou bien la situation commerciale devient inquiétante, etc.—Du reste il n'a pas de motifs à donner.

effets chargés d'après l'estimation qui en est faite ou convenue.— En cas de pertes, les assureurs sont tenus d'y contribuer chacun à proportion des sommes par eux assurées.—Ils ne recoivent pas la prime de cet *excédant* de valeur, mais seulement l'indemnité de demi pour cent. »

L'assureur peut toujours faire établir l'exagération de l'évaluation, malgré la clause : *vaille ou non vaille*, écrite dans la police. (Aix, novembre 1858; Clariond, 59, 1, 124).

Quand il y a plusieurs polices contenant des évaluations différentes, on suit les énonciations particulières à chacune d'elles; sans que le second assureur, par exemple, puisse argumenter des estimations convenues avec le premier.

3e CAS. — *Existence de plusieurs polices successives.*

Art. 359. — « S'il existe plusieurs contrats d'assurances faits sans fraude, sur le même chargement, et que le premier contrat assure l'entière valeur des effets chargés, *il subsistera seul.* — Les assureurs qui ont signé les contrats subséquents sont libérés; ils ne reçoivent que *demi pour cent* de la somme assurée. — Si l'entière valeur des effets chargés n'est pas assurée par le premier contrat, les assureurs qui ont signé les contrats subséquents répondent de l'excédant en suivant l'ordre de la date des contrats. »

Si les marchandises valent *toutes* les sommes assurées,

en cas de perte d'une partie, les assureurs paieront au marc le franc. (Art. 360).

4e CAS. — *Chargement sur un seul navire, quand on avait divisé la police en séries qui devaient être chargées sur plusieurs.*

Art. 360. — « Si l'assurance a lieu divisément pour des marchandises qui doivent être chargées sur plusieurs vaisseaux désignés, avec énonciation de la somme assurée sur chacun, et si le chargement entier est mis sur un seul vaisseau, ou sur un moindre nombre qu'il n'en est désigné dans le contrat, l'assureur n'est tenu que de la somme qu'il a assurée sur le vaisseau ou sur les vaisseaux qui ont reçu le chargement, nonobstant la perte de *tous* les vaisseaux désignés; et il recevra néanmoins *demi pour cent* des sommes dont les assurances se trouvent annulées. »

Quand l'assurance est déclarée *nulle* faute d'aliment, ou parce qu'elle porte sur des objets prohibés par la loi, ce n'est plus le cas de *ristourne*, et on ne doit pas l'indemnité de demi pour cent. Si l'assureur a été trompé, il pourra intenter une action en dommages-intérêts.

L'assurance finit avec les risques prévus (art. 341), ou lorsque le temps convenu est écoulé (art. 351). — Il en est de même si l'assuré déroge pendant le voyage aux clauses du contrat soit en déroutant, soit en changeant les marchandises de navire, sans y être obligé, etc., etc..........

Notons en terminant que toute action dérivant d'une police d'assurance est prescrite après *cinq* ans, à compter de la *date* du contrat. (Art. 432 C. com.).

Cette prescription court contre les mineurs ; elle serait interrompue par les modes admis pour les autres prescriptions : action en justice, reconnaissance par acte séparé, etc., etc. . . . . . .

L'assureur peut renoncer à la prescription acquise.

TABLE DES MATIÈRES

FIN

OUVRAGES DU MÊME AUTEUR

Traité élémentaire du Droit Romain, — 2 vol. in-8°.

Du tribunal de famille à Rome.

De la *Manus* en Droit Romain.

De l'origine politique et de l'importance de la distinction des *res mancipi* et *nec mancipi* dans l'ancien Droit Romain.

Principes de l'expropriation pour cause d'utilité publique à Rome et à Constantinople jusqu'à l'époque de Justinien. — Des limitations apportées au droit de propriété, tant dans l'intérêt général que dans l'intérêt des particuliers.

Précis d'histoire des sources du Droit Français, depuis les Gaulois jusqu'à nos jours.

De la puissance paternelle à Rome.

De la preuve en Droit Romain.

Des travaux publics, de l'agriculture et du commerce en France, (en collaboration avec M. Bouinais, avocat).

Etude sur les statuts de Marseille au XIIIe siècle.

Des abordages maritimes, commentaire des articles 407, 435 § 3, 436 du Code de commerce.

www.ingramcontent.com/pod-product-compliance
Ingram Content Group UK Ltd.
Pitfield, Milton Keynes, MK11 3LW, UK
UKHW012041240726
13965UKWH00003B/948

9 782013 552417